DEVENEZ UN PARIEUR GAGNANT

Gagnez facilement aux paris sportifs

DataPronos

COPYRIGHT

Copyright © 2023 by DataPronos

Editeur :
DataPronos
Paris, France

ISBN : 9798863157030

Date dépôt légal : Novembre 2023

Imprimé à la demande par Amazon

CONTENTS

Devenez un parieur gagnant

Copyright

Introduction

Avant-Propos

I.	Le monde des paris sportifs	2
II.	Cotes et probabilités	11
III.	Les types de paris	19
IV.	Placer un pari	29
V.	Les bookmakers	35
VI.	Optimiser ses bonus de bienvenue	39
VII.	Gérer son argent	49
VIII.	Gérer ses émotions	59
IX.	Les stratégies gagnantes	67
X.	Les outils du parieur	79

Epilogue   84

Disclaimer   86

INTRODUCTION

Comprendre le monde des paris sportifs

Le monde des paris sportifs est vaste, et il est essentiel de bien comprendre les concepts clés et les termes spécifiques utilisés pour devenir un parieur gagnant. Ce livre vous propose une introduction complète au monde des paris sportifs, en vous fournissant des définitions claires et précises. Au fil des pages, vous explorerez les différentes catégories de paris, vous maîtriserez les principes fondamentaux qui font la différence entre les gagnants et les perdants, vous découvrirez des stratégies de mises astucieuses pour maximiser vos gains, vous apprendrez à gérer habilement votre argent pour éviter les mauvaises surprises, et vous déjouerez les pièges des biais cognitifs. C'est en intégrant ces différents principes que vous serez le mieux préparé pour gagner aux paris sportifs.

Devenir un parieur expérimenté

Après avoir parcouru ce livre, vous disposerez d'une base solide pour devenir un parieur expérimenté. Vous aurez acquis les connaissances nécessaires pour analyser les matchs, trouver des cotes intéressantes, éviter les erreurs les plus courantes et gérer votre argent de manière responsable. Vous serez donc en mesure d'élaborer des stratégies de paris plus efficaces. Cependant, il est important de noter que devenir un parieur expérimenté nécessite également une pratique régulière ainsi qu'une adaptation constante à l'évolution du marché des paris.

Générer un complément de revenu

Si vous appliquez les principes et stratégies enseignés dans ce livre de manière rigoureuse et disciplinée, il est facile de générer un complément de revenu grâce aux paris sportifs. En effet, vous pouvez espérer générer plus de 300€ par mois grâce à la méthode décrite dans la partie *IX.Les stratégies gagnantes*, en exploitant les opportunités de valeur ainsi que les promotions proposées par les bookmakers. Cependant, il est important de souligner que le montant exact de vos gains dépendra de nombreux facteurs, tels que le temps que vous allouez aux paris sportifs, votre discipline, votre aversion au risque, ainsi que l'évolution des offres des bookmakers.

Devenir un parieur professionnel

Il est crucial d'avoir des attentes réalistes quant aux possibilités offertes par les paris sportifs. Ce livre ne promet pas de faire de vous un parieur professionnel. Devenir un parieur professionnel, c'est-à-dire vivre exclusivement des paris sportifs est une tâche extrêmement difficile qui nécessite une expertise approfondie, des compétences spécialisées et une capacité à gérer les fluctuations financières. Ce livre vise plutôt à vous fournir les connaissances et les outils nécessaires pour améliorer vos performances de pari et générer un complément de revenu.

AVANT-PROPOS

En avant !

Préparez-vous à plonger dans le monde des paris sportifs et à découvrir les clés pour gagner régulièrement. Que vous soyez novice ou que vous ayez déjà une certaine expérience, ce livre vous aidera à développer ou affiner vos compétences et à aborder les paris sportifs d'une manière raisonnée.

Pour rappel, les jeux d'argent sont interdits aux mineurs, il existe également un risque sérieux de dépendance, et il ne faut pas hésiter à se faire aider, accompagner ou arrêter tous les jeux d'argent en cas de problème. Enfin, n'oubliez pas que les résultats passés ne présagent pas des résultats futurs.

Avant de commencer, je tiens à préciser que je ne suis pas un conseiller en investissement, et que jouer aux paris sportifs comporte des risques. Si à la suite de ce livre vous souhaitez continuer à en apprendre plus sur les paris sportifs, vous pouvez me retrouver sur X (ex-Twitter) : https://twitter.com/Data_Pronos.

I. LE MONDE DES PARIS SPORTIFS

Le monde des paris sportifs est un domaine fascinant qui suscite l'intérêt de nombreux amateurs de sport à travers le monde. Avant de plonger dans les stratégies et les techniques pour réussir dans les paris sportifs, il est essentiel de comprendre les termes et les concepts fondamentaux. Nous allons donc commencer avec quelques définitions extrêmement importantes.

1. Définitions

A. Bookmaker

Un bookmaker, également appelé opérateur de paris sportifs, est une entreprise ou une plateforme en ligne qui propose des paris sur différents événements sportifs. Les bookmakers établissent les cotes pour chaque événement et offrent des possibilités de paris aux joueurs.

La liste des bookmakers régulés en France (en 2023) est la suivante : Winamax, Betclic, ParionsSport, Unibet, PMU, Zebet, Netbet, Pokerstars, Partypoker, Bwin, France Pari, VBet, Partouche Sport, Genybet, Joabet, Betway, Barrièrebet, et Feelingbet.

Vous trouverez plus d'informations sur les cotes dans le chapitre *V.Les bookmakers.*

B. Cote

Une cote traduit la probabilité qu'un événement se produise. Si une équipe est considérée comme favorite, elle aura une cote plus faible qu'une équipe considérée comme outsider. Cela veut dire que lorsque votre pari est gagnant, vous gagnez moins d'argent en pariant sur le favori que sur l'outsider.

Prenons l'exemple d'un match de tennis avec un favori à 1,5 et un outsider à 2,5. Si vous misez sur le favori et qu'il gagne vous remportez 5€ de bénéfice pour une mise de 10€, alors que si vous misez sur l'outsider et que votre pari est gagnant, vous empochez 15€ de bénéfice pour 10€ de mise.

Vous trouverez plus d'informations sur les cotes dans le chapitre *II.Cotes et probabilités.*

C. Cote Boostée

Les cotes boostées sont des offres spéciales proposées par les bookmakers qui augmentent les cotes de certains paris pour attirer les parieurs sur leur plateforme. Vous pouvez considérer les cotes boostées comme une des offres promotionnelles de la part des bookmakers, qui incitent les joueurs à placer des mises sur des évènements en particulier. Par exemple, une cote boostée qui fait passer la cote de la victoire de la France de 1,5 à 2 sur un match de football.

Vous trouverez plus d'informations sur les cotes dans le chapitre *IX.Les stratégies gagnantes.*

D. Bankroll

La bankroll représente le montant total d'argent que vous consacrez aux paris sportifs. Il est essentiel de bien gérer votre bankroll pour éviter les pertes excessives et garantir une approche responsable des paris.

Nous parlerons des stratégies de mise pour protéger sa bankroll dans la partie *VII.Gérer son argent.*

E. Taux De Retour Aux Joueurs (Trj)

Le TRJ est un pourcentage qui représente le montant moyen que les parieurs peuvent espérer récupérer sur leurs mises à long terme. Un TRJ élevé est préférable, car cela signifie que le bookmaker redistribue une plus grande part des mises aux parieurs.

Pour vous donner un exemple, si le taux de retour joueur est de 90%, cela veut dire que sur chaque euro misé, 90 centimes sont redistribués sous forme de gains aux parieurs, tandis que le bookmaker garde les 10 centimes restants.

La définition mathématique du TRJ pour un match de foot avec 3 issues possibles est la suivante (la cote_1 étant la cote de la victoire de l'équipe n°1, la cote_2 celle de l'équipe n°2, la cote_nul étant le match nul) :

> *Formule 1 :*
> $TRJ = 100 / (1/Cote\_1 + 1/Cote\_nul + 1/Cote\_2)$

Malheureusement, en France, le TRJ est plafonné à 85% en moyenne. Cependant, comme c'est une moyenne, vous pouvez trouver des TRJ plus intéressants, notamment sur les paris sur les résultats des matchs (1N2) qui sont expliqués dans la partie *III.Les types de paris.*

F. Roi

Le ROI est un indicateur financier utilisé pour évaluer la rentabilité d'un investissement. Il est exprimé en pourcentage et la formule mathématique est la suivante :

> *Formule 2 :*
> $ROI = 100 * (Gain - Coût) / Coût$

Si le ROI est positif, cela veut dire que votre investissement est rentable, et s'il est négatif cela veut dire que vous perdez de l'argent.

G. Value Bet

Un value bet se produit lorsque les probabilités que vous attribuez à un événement différent des probabilités implicites calculées à partir des cotes. C'est-à-dire que vous estimez qu'il y a une probabilité plus élevée que l'événement se produise que celle reflétée par la cote.

Par exemple, si vous estimez que l'équipe A a 60% de chances de gagner un match, mais que les cotes impliquent une probabilité de seulement 50% (cote à 2), il devient mathématiquement avantageux de parier sur l'équipe A.

Vous trouverez plus d'informations sur les value bets dans le chapitre *IX.Les stratégies gagnantes*.

H. Surebet

Un surebet, également connu sous le nom d'arbitrage, est une situation où il est possible de placer des paris sur toutes les issues d'un événement sportif et d'obtenir un bénéfice garanti, quelle que soit l'issue du match.

Pour détecter un surebet, il faut simplement surveiller si le TRJ d'un événement est supérieur à 100%. Ensuite, il faut répartir correctement votre argent sur les cotes pour assurer le même gain quel que ce soit l'issue.

Voici un exemple de surebet, dans lequel vous allez récupérer 300€, peu importe le résultat du match, avec une mise de 293,75€, ce qui donne un bénéfice net de 6,25€ :

	Equipe 1	Nul	Equipe 2	Total
Cote	3	3,2	3	
Mise	100	93,75	100	293,75
Gain brut	300	300	300	300

Tableau 1 : Exemple de surebet

Attention, le mieux est de réaliser votre surebet sur des bookmakers différents, car certains bookmakers détectent cette pratique et peuvent appliquer des sanctions.

Pour savoir comment répartir vos mises et optimiser vos gains, vous pouvez télécharger le document que j'ai créé pour l'occasion : https://docs.google.com/spreadsheets/d/1OCakxL6StoxnoEFaCJBSS8PogSoIrDOLNQHO6iDJsuk/edit?usp=sharing.

Mode d'emploi :
Il vous suffit de compléter les cases en rouge avec les cotes des trois issues du match qui vous intéresse, ainsi que le montant que vous souhaitez parier. Il faut ensuite répartir vos mises comme indiqué dans les cases vertes.

I. Freebets

Les freebets, ou paris gratuits, sont des offres promotionnelles courantes proposées par les bookmakers. Ils permettent aux parieurs de placer des paris sans risquer leur propre argent. Si le pari gratuit est gagnant, le parieur reçoit les gains, mais en déduisant le montant de la mise gratuite.

Prenons un exemple, si vous placez 10€ de freebets sur une cote à 1,5 et que vous gagnez votre pari, vous empochez 5€. Vous avez donc transformé 10€ de freebets en 5€ classiques.

J. Opening Odds

Les opening odds (ou cotes d'ouverture) sont les cotes proposées par les bookmakers à la sortie d'un évènement. Comme le match en question se déroule à une date éloignée, les bookmakers ont du mal à prévoir l'issue du match.

Cela veut dire que les cotes ne sont pas forcément bien ajustées, et qu'il est donc possible de déceler un value bet plus facilement.

Attention tout de même, des informations importantes peuvent changer votre analyse entre l'ouverture des cotes et le début du match. De plus, les bookmakers savent que les opening odds sont mal ajustées, donc ils réduisent le TRJ pour limiter les risques de pertes (comme sur les paris en LIVE).
A noter que plus l'événement se rapproche, plus les cotes se rééquilibrent vers leur "vraie" valeur, et plus le TRJ augmente.

K.   Drop De Cote

Le drop de cote se produit lorsque la cote pour un événement donné diminue fortement, généralement en raison de l'augmentation de la popularité d'un résultat ou de l'apparition d'une information qui pourrait influencer les performances d'une équipe ou d'un joueur.

L.   Variance

La variance mesure l'écart entre les résultats réels et les résultats attendus. Plus la variance est élevée, plus cette différence peut être grande. La variance joue un rôle essentiel dans les paris sportifs et a un impact direct sur les résultats à court terme. Comprendre et gérer la variance est crucial pour maintenir une approche disciplinée dans les paris sportifs. En effet, si vous commencez à changer de stratégie à chaque fois que vous perdez un pari sportif, vous pouvez être quasi sûr de ne pas retrouver votre mise initiale.

Vous trouverez plus d'informations sur la variance dans le chapitre *VII.Gérer son argent*.

M.   Tipster

Un tipster est un parieur qui partage ses paris. Il existe des tipsters qui partagent leurs pronostics gratuitement, mais les meilleurs tipsters le font contre de l'argent. Par contre, ce n'est pas parce qu'un tipster demande de l'argent qu'il est forcément compétent.

Vous trouverez plus d'informations sur les tipsters dans le chapitre *IX.Les stratégies gagnantes*.

2. Comment gagner ?

Dans cette partie, nous allons explorer la question cruciale qui est de savoir comment gagner aux paris sportifs. Gagner aux paris sportifs n'est pas un exercice facile à accomplir, car il faut non seulement surpasser les bookmakers, mais aussi battre les autres parieurs. Cependant, en développant une approche stratégique et en apprenant à dénicher des value bets, vous pouvez augmenter vos chances de succès.

A. Battre Les Bookmakers

L'objectif ultime des parieurs est de battre les bookmakers. Cependant, il est important de comprendre que les bookmakers ne vont pas vous faciliter la tâche. Ils ont besoin d'être rentables pour maintenir leurs activités, ce qui signifie qu'ils fixent des TRJ limités. De plus, en France, l'Autorité de Régulation des Jeux en Ligne (ARJEL) impose des restrictions pour assurer la stabilité du secteur, ce qui rend la tâche encore plus difficile.

Il est important de noter qu'il n'existe pas de formule magique pour battre les bookmakers à tous les coups. Les paris sportifs comportent une part d'incertitude, ce qui signifie que vous ne gagnerez pas à tous les coups. Cependant, en développant une approche analytique, en effectuant des recherches approfondies et en suivant une gestion de bankroll solide, vous pouvez augmenter vos chances de succès et surpasser les bookmakers sur le long terme.

B. Battre Les Autres Parieurs

Battre les bookmakers revient souvent à battre les autres parieurs. En effet, lorsque tout le monde parie sur le même résultat, la cote baisse, ce qui peut transformer un value bet potentiel en un pari perdant à long terme.

D'un autre côté, cela crée également des opportunités pour les parieurs avertis. En évitant de suivre le plus grand nombre et en recherchant des paris moins populaires, vous pouvez trouver des cotes plus avantageuses et ainsi maximiser vos gains.

C. Dénicher Des Value Bets

Dénicher des value bets est l'essence même des paris sportifs. Comme dit précédemment, un value bet se présente lorsque vous estimez qu'une équipe a une plus grande probabilité de gagner que ce que la cote implicite le suggère. Cependant, la difficulté réside dans l'estimation précise des probabilités de victoire. Une analyse approfondie des équipes, des statistiques, des performances passées et d'autres facteurs est nécessaire pour évaluer correctement les chances de succès.

Vous en apprendrez plus dans la partie *IV.Placer un pari.*

II. COTES ET PROBABILITÉS

Comme vous l'avez compris en lisant les définitions, l'univers des paris sportifs et celui des probabilités sont intrinsèquement liés. Pour maximiser vos chances de succès, vous n'aurez d'autres choix que de connaître les fondamentaux des cotes et des probabilités.

1. Les bases

Les cotes sont des valeurs numériques attribuées par les bookmakers pour représenter la probabilité qu'un événement se produise. Comprendre les cotes est essentiel pour évaluer la valeur d'un pari et estimer ses chances de gagner. D'autre part, il ne faut pas oublier que la cote détermine le gain potentiel.

Dans le chapitre précédent, nous avons déjà abordé les définitions des cotes de manière générale, mais nous allons maintenant explorer plus en détail leur importance dans le processus de pari.

Tout d'abord, il faut savoir qu'il existe différents formats de cotes dans les paris sportifs, tels que les cotes décimales ou les cotes fractionnelles :
- Les cotes décimales sont utilisées en Europe et indiquent le montant total qui sera retourné pour une unité de mise.

Par exemple, une cote de 2,5 signifie que vous obtiendrez 2,5 fois votre mise en cas de victoire, ce qui équivaut à un bénéfice de 1,5 fois votre mise.
- Les cotes fractionnelles sont plus courantes au Royaume-Uni et sont exprimées sous forme de fraction.

Par exemple, une cote de 3/1 signifie que vous gagnerez 3 unités pour chaque unité misée, en plus de votre mise initiale.

Il faut comprendre que les cotes sont directement liées aux probabilités implicites, qui reflètent la perception du bookmaker quant à la chance qu'un événement se produise. Pour les cotes décimales, la formule pour calculer la probabilité implicite est :

> *Formule 3 :*
> *Probabilité implicite = 1 / Cote*

Par exemple, une cote de 2,5 sur la victoire de l'équipe A correspond à une probabilité implicite de 1/2,5 = 0,4 soit 40% de chance de gagner. Si d'après vos analyses vous pensez que l'équipe A a plus de 40% de chance de gagner ce match, alors félicitations vous venez de dénicher un value bet. Vous pourrez en apprendre plus dans la partie *IX.Les stratégies gagnantes.*

Voici un tableau de correspondance entre cotes décimales et probabilités de gain :

Cotes décimales	Probabilités de gain
1,33	75%
1,5	66%
2	50%
3	33%
5	20%
20	10%
100	1%
1000	0,10%

Tableau 2 : Correspondance cotes décimales et probabilité de gain

A la lecture de ce tableau, vous devez vous rendre compte que c'est une erreur de prendre un pari avec une cote très élevée.

Par exemple, vous remarquez que la probabilité de gain est minime pour les cotes au-dessus de 100. Vous pouvez donc placer des centaines de paris sans en gagner un seul, ce qui est préjudiciable pour votre bankroll, mais aussi pour votre mental. C'est pour cette raison que je vous conseille d'éviter de parier sur de trop grosses cotes.

D'un autre côté, il est aussi important d'éviter les cotes trop faibles. En effet, une cote inférieure à 1,33 indique que les chances de succès théoriques sont extrêmement élevées, ce qui se traduit par des gains minimes. Lorsque vous misez sur des cotes très basses, vous prenez un risque disproportionné par rapport à la récompense potentielle.

En effet, si votre mise habituelle est de 10€ et que vous pariez sur une cote à 1,1 alors votre gain sera de seulement 1€ en cas de victoire. Vous allez donc être tenté d'augmenter votre mise pour augmenter vos gains, ce qui peut être un danger pour votre bankroll. Il est donc important d'éviter ces paris, car ils peuvent rapidement réduire votre bankroll en cas de mauvaise série.

De plus, vous avez moins de marge d'erreur sur ces paris puisque vous allez engager une plus grosse partie de votre bankroll pour compenser les faibles gains. Or, dans les paris sportifs, il y a toujours une part d'incertitude et même les équipes favorites ou les joueurs favoris peuvent perdre. Par conséquent, il est préférable d'éviter les cotes très basses pour réduire les risques de pertes importantes.

<u>Astuce :</u> **Ne pariez pas sur des cotes trop basses ni trop élevées. Fixez vous des limites de cote en fonction de votre aversion au risque.**

2. *Comparer les cotes*

La comparaison des cotes est une habitude obligatoire pour devenir un parieur gagnant.
En effet, de petits écarts entre les cotes peuvent faire la différence entre un pari gagnant et un pari perdant sur le long terme. Les bookmakers peuvent avoir des analyses diverses sur les probabilités de résultats d'un événement, ce qui se traduit par des cotes légèrement différentes. En trouvant les meilleures cotes disponibles, vous pouvez améliorer vos gains

potentiels et optimiser votre rentabilité globale.
Pour vous montrer l'importance d'optimiser les cotes sur lesquels vous pariez, nous allons prendre l'exemple d'un parieur perdant, et comprendre qu'il peut devenir gagnant très rapidement.

Imaginons que ce parieur gagne en moyenne 52,5% du temps ses paris sur des cotes à 1,9.
Cela veut dire que pour chaque pari avec une mise de 100€ :
- 52,5% du temps il gagne 90€
- 47,5% du temps il perd 100€

En utilisant la formule expliquée dans la partie *VII.Gérer son argent*, l'espérance de gain est de 0,525 * (1,9 * 100 - 100) - 0,475 * 100 = -0,25.
Ce qui veut dire qu'en moyenne il perd 0,25€ par pari, ce qui correspond à un ROI de -0,25%. Après 10.000 paris, ce parieur se retrouve donc avec une perte de 2.500€.

Imaginons maintenant qu'il arrive à prendre de meilleures cotes sur d'autres bookmakers et que sa cote moyenne soit de 2 au lieu de 1,9.
Cela veut dire que pour chaque pari avec une mise de 100€ :
- 52,5% du temps il gagne 100€
- 47,5% du temps il perd 100€

En reprenant la formule expliquée dans la partie *VII.Gérer son argent*, l'espérance de gain est de 0,525 * (2 * 100 - 100) - 0,475 * 100 = 5.
Maintenant, ce parieur gagne en moyenne 5€ par pari, ce qui correspond à un ROI de 5%. Après 10.000 paris, ce parieur se retrouve avec un joli gain de 50.000€.

Et voilà comment un parieur perdant peut devenir gagnant, uniquement en jouant de meilleures cotes (0,1 de différence dans l'exemple), ce qui semble être un petit détail pour un parieur débutant.

<u>Astuce</u> : Comparez toujours les cotes sur plusieurs bookmakers avant de placer un pari.

3. Mouvements de cote

Comprendre les mouvements de cote est un autre atout essentiel pour les parieurs. Les cotes peuvent fluctuer avant un événement en fonction de divers facteurs tels que l'actualité de l'équipe, les blessures, les suspensions, les conditions météorologiques... Savoir comment interpréter ces mouvements de cote peut vous donner un avantage.

Si la cote bouge, il faut que vous compreniez pourquoi. Parfois, un mouvement de cote peut créer des opportunités en révélant des informations non prises en compte par les bookmakers. En surveillant attentivement les mouvements de cote, vous pouvez saisir des paris avantageux avant que les cotes ne changent davantage.

A noter aussi que les paris placés ont un impact direct sur les mouvements de cote. Lorsque de nombreux parieurs misent sur un résultat, notamment les excellents ou très gros parieurs, cela peut entraîner une baisse de cote. De même, si peu de parieurs misent sur un résultat, la cote peut augmenter en raison de l'offre excédentaire.

Les mouvements de cote sont généralement plus prononcés à mesure que l'heure de l'événement se rapproche. En effet, les bookmakers ajustent leurs cotes en fonction de la demande, qui s'accroît lors des dernières minutes avant un événement.

<u>Astuce :</u> **Si vous débutez, pariez le plus proche possible du début de la rencontre.**

4. Prendre ses paris séparément

Lorsqu'il s'agit de placer des paris multiples, il est souvent recommandé de les prendre séparément plutôt que d'utiliser les intitulés spécifiquement créés par les bookmakers. Les deux types de paris les plus courants qui permettent cela sont la double chance et le pari remboursé si nul.

A. La Double Chance

Pour un match entre deux équipes, la double chance consiste à miser sur deux des trois issues possibles. Plutôt que de placer deux paris distincts sur l'équipe 1 et sur le match nul, les bookmakers vous encouragent à utiliser le pari "l'équipe 1 gagne ou match nul".

Cependant, il est préférable de placer ses paris séparément pour ne pas perdre d'argent. En effet, on remarque souvent de gros écarts entre la cote proposée par les bookmakers et la cote réelle. Vous pouvez calculer la cote réelle de la double chance (DC) à partir des cotes individuelles :

$$\textit{Formule 4 :}$$
$$Cote\_DC = (Cote\_1 * Cote\_2) / (Cote\_1 + Cote\_2)$$

Prenons l'exemple d'un match au hasard sur Winamax, avec les cotes suivantes de 8,5 pour le match nul et 15 pour l'outsider. Ces cotes donnent une double chance manuelle à 5,42, alors qu'elle était affichée à seulement 5,2 sur Winamax.

Vous pouvez même arriver à une meilleure cote en prenant le pari sur deux bookmakers différents, par exemple la victoire sur Winamax et le nul sur Betclic si la cote est plus haute.
Voilà pourquoi il est extrêmement important de prendre les

doubles chances séparément pour être un parieur rentable, puisque l'on vient de voir que les résultats long terme se jouent sur des petites différences de cote.

Pour savoir combien miser sur chacune des issues, vous pouvez utiliser un calculateur en ligne, par exemple en suivant ce lien : https://betcalcul.com/calculator/double-chance-bet/.

B.   Le Pari Remboursé Si Nul

Le pari remboursé si nul consiste à miser sur la victoire d'une équipe, avec un pari remboursé en cas de match nul.
Bien entendu, la cote du pari "l'équipe 1 gagne remboursé si match nul" sera plus faible que la cote du pari simple l'équipe 1 gagne.

De même que pour les doubles chances, une approche manuelle vous permet souvent d'arriver à une meilleure cote. Encore une fois, pour savoir combien miser sur chacune des issues, vous pouvez utiliser un calculateur en ligne.

Astuce : Prenez toujours vos paris séparément.

III. LES TYPES DE PARIS

Dans cette section, nous allons explorer les différents types de paris auxquels vous serez confrontés dans le monde des paris sportifs. Comprendre les nuances et les spécificités de chaque type de pari est essentiel pour minimiser le nombre d'erreurs.

1. Le Pari Simple

Le pari simple est le type de pari le plus courant et le plus facile à comprendre. Il consiste à parier sur un seul résultat d'un événement, avant que cet événement ne débute. Voici quelques exemples de paris simples populaires :

A. 1N2

Ce type de pari consiste à prédire le résultat d'un match, en choisissant entre la victoire de l'équipe à domicile (1), le match nul (N) ou la victoire de l'équipe à l'extérieur (2). Le plus souvent, c'est là où vous trouverez les meilleurs TRJ.

B. Over/Under

Ce type de pari consiste à prédire si le nombre total de points marqués dans un match sera supérieur (Over) ou inférieur (Under) à une valeur spécifique fixée par le bookmaker.

C. Buteur

Ce type de pari que l'on trouve notamment au football consiste, comme son nom l'indique, à prédire quel joueur marquera au moins un but pendant le match.

Par contre, ce n'est déjà pas facile d'être gagnant aux paris sportifs, mais c'est encore plus complexe de parier sur les buteurs. Voici donc quelques conseils pour éviter de grosses erreurs qui pourraient vous être préjudiciable.

Le premier principe de base est de ne pas parier avant la diffusion de la composition d'équipe.

Deuxièmement, savoir qui est le tireur de pénalty de l'équipe est une information cruciale à prendre en compte pour vos futurs paris.

Troisièmement, il faut absolument être inscrit sur le plus de bookmakers possibles pour profiter des meilleures cotes. En effet, on trouve des écarts de cote importants entre les sites sur ce genre de paris. Or, il est indispensable de pouvoir parier sur la meilleure cote proposée.

Quatrièmement, il faut faire attention aux chutes de cote, car elles sont plus importantes que sur les autres types de paris à cause d'un volume de mise réduit. De plus, beaucoup de tipsters partagent leurs paris, et de nombreux parieurs vont suivre ces avis et miser tous sur le même buteur, faisant ainsi baisser sa cote.

Enfin, cinquièmement, il faut toujours se renseigner sur les conditions du bookmaker sur les paris buteurs. Sur certains sites, ces paris sont remboursés en cas d'absence ou de blessure en première mi-temps. Attention, ce n'est pas le cas de tous les bookmakers, ce qui peut expliquer dans certains cas une différence de cote.

<u>Astuce :</u> Si vous débutez, ne pariez pas tout de suite sur les buteurs.

D.   Pari Handicap

Le pari handicap permet d'équilibrer les chances de deux équipes en leur attribuant un avantage ou un désavantage en fonction de leur niveau.

Sur les bookmakers français, les handicaps sont exprimés en demi-buts. Par exemple, si l'équipe A est favorite et que l'équipe B est l'outsider, l'handicap peut être de -1,5 pour l'équipe A et de +1,5 pour l'équipe B.

Si vous pariez sur l'équipe A avec un handicap de -1,5, cela signifie que l'équipe A doit gagner par au moins 2 buts d'écart pour que votre pari soit gagnant.
Si vous pariez sur l'équipe B avec un handicap de +1,5, cela

signifie que l'équipe B peut perdre par 1 but d'écart (ou ne pas perdre) pour que votre pari soit gagnant.

Hors ARJEL, le pari handicap se nomme Asian Handicap, et il comporte beaucoup plus de possibilités, avec des handicaps en buts entiers ou même en quarts de buts.

Dans tous les cas, le pari handicap peut être une option intéressante pour parier sur des matchs où il y a une grande différence de niveau entre les deux équipes.

2. Le Pari Combiné

Le pari combiné est une forme de pari où vous combinez, comme son nom l'indique, plusieurs sélections dans un seul pari. Lorsque toutes les sélections sont correctes, les cotes individuelles de chaque sélection sont multipliées pour déterminer les gains. Si vous placez un pari combiné sur deux évènements qui ont chacun une cote à 2, la cote de votre combiné sera de 4.

Cela signifie que le pari combiné peut offrir des gains plus élevés par rapport à des paris individuels. Cependant, il est important de comprendre que le pari combiné multiplie également les risques.

A. Les Risques

Avec un pari combiné, vous avez moins de marge d'erreur par rapport à des paris individuels. En effet, si une seule sélection échoue, vous perdez tout. En d'autres termes, faire des combinés augmente la variance.

Ce que la plupart des parieurs ignorent aussi est que le gain moyen reste le même avec ou sans pari combiné, si vous n'avez pas d'avantage sur le bookmaker.

En effet, imaginons que vous voulez parier 10€ sur 2 matchs avec une cote à 2. Pour l'exemple, nous allons assumer que vous n'avez pas d'avantage sur le bookmaker et que le TRJ est de 100%, ce qui veut dire que vous gagnez 50% du temps votre pari sur une cote à 2.

Si vous placez vos paris en simple :
- 25% du temps vous allez gagner 20€ (2 paris gagnés)
- 25% du temps vous allez perdre 20€ (2 paris perdus)
- 50% du temps vous allez être à l'équilibre (1 pari gagné et 1 pari perdu)

Cela vous donne donc un gain de 0,25 * 20 - 0,25 * 20 + 0,5 * 0 = 0. En moyenne, vous ne gagnerez pas (et ne perdrez pas) d'argent. C'est logique car nous avons fait l'hypothèse d'absence d'avantage sur le bookmaker.

Maintenant, imaginons que vous placiez vos paris dans un combiné avec une mise de 20€ :
- 25% du temps vous allez gagner 60€ (pari gagné)
- 75% du temps vous allez perdre 20€ (pari perdu)

Cela vous donne donc un gain de 0,25 * 60 - 0,75 * 20 = 0. En moyenne, vous ne gagnerez pas d'argent non plus. En revanche, on remarque que vous pouvez gagner plus gros, mais moins souvent.

De plus, faire des combinés vous oblige à jouer des cotes plus faibles. En effet, pour jouer des combinés, vous êtes obligés de les jouer chez le même bookmaker, ce qui peut vous obliger à prendre une cote moins avantageuse pour l'un de vos paris.

En revanche, si vous avez détecté plusieurs value bets sur le même bookmaker, placer un pari combiné augmente la value et donc les gains.

B.   Les Erreurs

Il est important de ne pas commettre certaines erreurs qui pourraient vous coûter cher lorsqu'il s'agit de placer des paris combinés.

Tout d'abord, il est recommandé d'éviter les combinés comprenant plus de deux paris. En effet, les paris sportifs sont basés sur des probabilités, et chaque sélection de votre combiné a une probabilité implicite de réussite. À mesure que vous ajoutez des sélections, les chances de succès se réduisent.

De plus, combiner des cotes trop élevées est une erreur importante, puisque par définition les cotes élevées reflètent des probabilités plus faibles. Même si les cotes élevées offrent un potentiel de gains importants, il est important de se rappeler qu'elles sont élevées parce que les chances de réussite sont considérées comme faibles.

Ne cherchez pas le jackpot avec un combiné de 10 sélections qui donne une cote à 1.000 comme 99% des parieurs perdants, cherchez plutôt à gagner moins mais régulièrement.

D'un autre côté, combiner des cotes trop faibles est aussi une erreur. Lorsque vous combinez des sélections avec de faibles cotes, les gains potentiels sont souvent limités, et vous allez donc miser plus gros pour gagner plus d'argent, et ainsi mettre en danger votre bankroll, comme nous l'avons vu dans la partie *II.Cotes et probabilités*.

<u>Astuce :</u> Si vous débutez, ne faites pas tout de suite des paris combinés.

3. Le Pari Système

Le pari système est une autre approche qui permet de combiner plusieurs sélections tout en minimisant les risques. Un pari système, c'est le meilleur moyen de parier si vous cherchez un entre-deux entre les paris simples et les paris combinés.

En effet, lorsque vous pariez sur un système, le bookmaker créé pour vous plusieurs combinaisons de paris, incluant des paris simples et des paris combinés, qui sont ensuite regroupés pour former un seul pari. Le nombre de paris placés change en fonction du nombre de matchs sur lesquels vous souhaitez parier.

Nous allons ici prendre l'exemple d'un pari système avec 4 matchs, numérotés de 1 à 4. Dans ce pari système, les paris placés vont être les suivants :
- 4 paris en simple (1, 2, 3, 4)
- 6 paris en combinés de 2 matchs (1 et 2, 1 et 3, 1 et 4, 2 et 3, 2 et 4, 3 et 4)
- 4 paris en combinés de 3 matchs (1 et 2 et 3, 1 et 2 et 4, 1 et 3 et 4, 2 et 3 et 4)
- 1 pari en combiné de 4 matchs (1 et 2 et 3 et 4)

En choisissant ce pari, vous avez réussi à placer 15 paris en seulement quelques clics, avec des paris simples et combinés, ce qui montre la puissance de ce genre de pari.

C'est un pari idéal si vous souhaitez vibrer sur des combinés en assurant vos arrières. Contrairement au pari combiné classique, vous pouvez faire un bénéfice même si toutes les sélections que vous avez sélectionnées ne se réalisent pas.

Par contre, cela signifie aussi que si vous souhaitez miser 1€ par pari, vous allez devoir engager 15€ dans ce pari système, car vous devez miser le même montant sur tous vos paris.

<u>Astuce</u> : Si vous débutez, ne faites pas tout de suite des paris systèmes.

4. Le pari LIVE

Le pari LIVE, également connu sous le nom de pari en direct, consite à placer des paris pendant qu'un événement sportif est en cours.

Le pari LIVE permet aux parieurs de prendre des décisions basées sur les performances en temps réel des équipes ou des athlètes. Vous pouvez donc prendre en compte les changements tactiques, les blessures, les conditions météorologiques et d'autres facteurs qui peuvent influencer le résultat du match. Cela peut vous donner un avantage en termes d'analyse et de prise de décision.

Par contre, le pari LIVE nécessite une prise de décision rapide, car les cotes et les options de paris peuvent fluctuer rapidement. Vous devez être réactif et capable d'évaluer rapidement les opportunités tout en étant sous la pression du temps. Avec le pari LIVE, il y a un risque accru de parier impulsivement ou de surenchérir en raison de l'excitation du jeu en direct. La tentation de placer des paris basés sur des émotions plutôt que sur une analyse rationnelle peut être forte, il est donc essentiel de garder une discipline solide.

<u>Astuce</u> : Si vous débutez, évitez le pari LIVE.

5. Le cash-out

En plus de pouvoir miser votre argent, certains bookmakers proposent également une fonction de retrait anticipé appelée cash-out, qui vous permet de retirer votre pari avant la fin de l'événement, soit pour sécuriser des gains potentiels, soit pour minimiser les pertes.

Il est possible de cash-out avant que l'événement commence (pré-live), ou en live pendant le match. Chez certains bookmakers, il est même possible de faire un cash-out partiel, c'est-à-dire de ne retirer qu'une partie de votre mise et de laisser le reste sur le pari.

Le cash-out peut être utile si vous changez d'avis, pensez avoir pris la mauvaise décision, ou si de nouvelles informations sur le match ou la composition d'équipe viennent de sortir.

Par contre, cette action va vous coûter de l'argent. En général le bookmaker prend une commission aux alentours de 10% pour les cash-out pré-live, si la cote n'a pas évoluée. C'est encore pire si la cote de votre pari a augmenté depuis votre prise de pari. Le cash-out pré-live peut être utile sur des paris combinés, si vous avez déjà validé plusieurs sélections mais que vous pensez avoir fait une erreur sur les sélections suivantes.

Le cash-out live, quant à lui, peut être un outil très utile pour les parieurs qui souhaitent minimiser leurs pertes ou verrouiller un gain avant la fin du match.

Il faut savoir que le montant de votre cash-out va varier avec les cotes du match en live, il n'y a donc pas de bon moment pour cash-out.

Si vous pensez avoir trop d'argent en jeu pendant le match, le cash-out peut être une très bonne option. Cependant, il reste très compliqué à utiliser car vous allez réagir avec vos émotions, et potentiellement faire des erreurs. De plus, certains bookmakers peuvent ne pas proposer le cash-out pour tous les sports ou toutes les compétitions.

<u>Astuce</u> : **Si vous débutez, évitez le cash-out.**

IV. PLACER UN PARI

Placer un pari demande une certaine réflexion stratégique et des connaissances en paris sportifs, c'est pourquoi je vais vous guider à travers le processus. Que vous soyez un parieur débutant cherchant à comprendre les bases ou un parieur expérimenté en quête de nouvelles approches, vous trouverez ici des informations précieuses pour améliorer vos compétences de parieur.

1. Analyser un match

Analyser un match avant de parier est une étape cruciale pour augmenter vos chances de succès. Vous trouverez dans cette partie quelques éléments clés à prendre en compte lors de l'analyse d'un match.

La première information essentielle pour les parieurs est l'historique des victoires et des défaites. En examinant les résultats récents des compétitions, vous pouvez obtenir un aperçu précieux de l'état de forme des équipes ou des joueurs. En analysant les résultats récents, vous pouvez identifier les tendances ainsi que les éventuelles performances exceptionnelles ou médiocres.

En plus de l'historique des victoires et des défaites, il est nécessaire d'examiner les confrontations directes. Grâce à cette analyse, vous pouvez prendre en compte des facteurs tels que les tactiques précédemment utilisées, la dynamique des équipes entre elles ou encore l'aspect psychologique.

En effet, certaines équipes ou joueurs peuvent avoir des difficultés particulières contre certains adversaires ou au contraire, avoir un avantage historique. Cependant, il est crucial de garder à l'esprit que les confrontations directes ne doivent pas être considérées comme le seul critère pour prendre une décision.

Un des points les plus importants est d'utiliser des statistiques sur les performances passées. Chaque sport possède des statistiques propres à prendre en compte avant de placer un pari, par exemple, au football, l'"expected goal" est une statistique très appréciée des parieurs, car elle permet de construire un score de "dangerosité".

Plus précisément, l'"expected goal" représente le pourcentage de chance qu'un tir se transforme en but. Nous allons voir comment cette statistique est calculée.

Pour chaque tir, on attribue un score entre 0 et 1 en fonction de la distance du tir, de l'angle de tir et de la situation d'attaque. Plus le score est élevé, plus la probabilité de but est élevée. Pour un tir d'une trentaine de mètres, l'"expected goal" (xG) va être d'environ 0,05, alors que pour un pénalty, il sera aux alentours de 0,75. Pour connaître l'xG d'une équipe sur un match, on additionne tous les xG issus des tirs du match. On obtient donc une estimation du nombre de buts qui auraient dû être marqués lors du match. Par exemple, si une équipe à des grosses occasions mais ne concrétise pas, elle peut se retrouver avec 2,5 xG mais 0 but.

Cela veut donc dire que cette équipe avait de grandes chances de marquer et a probablement manqué de chance sur la rencontre. L'"expected goal" reflète donc souvent mieux la réalité d'un match que le score final. C'est pour cela que c'est une statistique extrêmement importante pour les parieurs. Attention tout de même, cette statistique n'est pas parfaite, et elle peut être influencée par des faits de jeux.

Pour une analyse plus détaillée, il est essentiel de considérer les styles de jeu propres à chaque équipe. Certaines équipes préfèrent un jeu offensif et spectaculaire, tandis que d'autres privilégient une approche plus défensive. Comprendre comment les équipes se positionnent tactiquement peut vous aider à évaluer les forces et les faiblesses de chaque équipe et à anticiper les schémas de jeu possibles.

Un autre point sous-estimé par les parieurs est la composition d'équipe. Il faut toujours vérifier les compositions d'équipe officielles pour le match ainsi que les éventuelles blessures ou suspensions de joueurs clés. Même si vous pensez connaître la composition d'équipe à l'avance, vous n'êtes pas à l'abri de mauvaises surprises.

Enfin, il est primordial de comprendre le contexte du match avant de placer un pari. En effet, l'importance du match pour les équipes peut jouer un rôle clé dans leur motivation et leur niveau de performance. Les rivalités historiques, les enjeux de classement ou les matchs décisifs peuvent influencer grandement la dynamique du jeu. Ce facteur est notamment très important à l'approche des fins de saison.

<u>Astuce</u> : Construisez votre propre méthode qui vous correspond et que vous n'aurez pas de mal à appliquer.

2. *Choisir ses matchs*

Maintenant que vous disposez des bases pour analyser n'importe quelle rencontre, il faut savoir comment choisir les matchs sur lesquels parier, c'est-à-dire comment éviter les matchs pièges.

Premièrement, il faut à tout prix minimiser l'incertitude. Il vaut donc mieux éviter de parier en début de saison ou lors des retours de trêve internationale, ainsi que sur des équipes avec beaucoup d'absents ou des retours de blessure.

Deuxièmement, il faut rassembler le plus de données possible pour pouvoir prendre la meilleure décision. C'est pour cela qu'il est plus facile de parier sur des matchs de championnats que sur des rencontres européennes ou internationales. En effet, vous aurez plus d'éléments à votre disposition pour pouvoir comparer les performances d'équipes dans un même championnat.

Troisièmement, un point souvent négligé par les parieurs est de prendre en compte le contexte du match. En fin de saison, certaines équipes jouent encore des places européennes, alors que d'autres savent que leur saison est terminée et ne proposent pas la même intensité dans les matchs.

Enfin, vérifiez le taux de retour joueur. Et oui, les TRJ ne sont pas les mêmes sur tous les types de paris, et il faut plutôt privilégier les paris 1N2. Par exemple, sur un match de Ligue 1, le TRJ pour un pari 1N2 est souvent aux alentours de 95%, alors qu'il est seulement de 88% pour un pari "Les deux équipes marquent". De plus, les TRJ ne sont pas les mêmes sur tous les matchs, car les bookmakers essayent d'attirer les joueurs en proposant des bons TRJ sur les gros matchs.

<u>Astuce :</u> Ne pariez pas si vous avez un doute sur un match.

3. Les différences de marché

Au sein des paris sportifs, on distingue généralement deux types de marchés, le marché de masse et le marché de niche. Voici les principales différences entre ces deux marchés.

Le marché de masse désigne les sports les plus populaires comme le football, le basketball ou le tennis. C'est là que se trouve une grande quantité de données accessibles, ainsi qu'un grand nombre de parieurs.

Le marché de niche, en revanche, désigne les sports moins populaires comme le billard par exemple. Le marché de niche peut aussi faire référence à des sports populaires, comme le football, mais des ligues méconnues, comme le championnat bosnien.

Les bookmakers offrent généralement une gamme beaucoup moins complète de paris sur le marché de niche, et les cotes peuvent être moins compétitives que sur le marché de masse. Cependant, les parieurs qui ont une connaissance approfondie de ce marché peuvent avoir un avantage par rapport aux bookmakers qui ont moins d'informations à leur disposition.

Il peut donc être plus facile de dénicher des "value bets" sur le marché de niche, où les informations peuvent mettre plus de temps à arriver aux oreilles des bookmakers.

Par contre, les volumes de paris sont moins importants sur le marché de niche, ce qui veut dire que les cotes peuvent baisser plus rapidement, et surtout que vous allez être limité en mise maximale.

Vous l'aurez compris, les deux marchés ont des avantages et des inconvénients.

D'un côté, sur le marché de masse, vous allez retrouver beaucoup de paris et d'informations, mais potentiellement des cotes moins avantageuses en raison de la demande élevée, ainsi que la présence d'une concurrence importante entre les parieurs expérimentés.

De l'autre côté, sur le marché de niche, vous trouverez des cotes plus avantageuses, mais vous aurez moins d'informations pour placer vos paris, et la liquidité peut être plus faible, ce qui signifie que les montants misés peuvent avoir un impact plus important sur les cotes.

Astuce : Pour vos premiers paris, choisissez un sport qui vous correspond et que vous aimez suivre.

V. LES BOOKMAKERS

Dans l'univers des paris sportifs, les bookmakers jouent un rôle essentiel. Ce sont les acteurs incontournables qui rendent possibles les mises sur des événements sportifs. Que vous soyez un parieur novice ou expérimenté, comprendre le fonctionnement et les particularités des bookmakers est essentiel pour optimiser vos chances de succès.

Dans cette section dédiée aux bookmakers, nous explorerons en détail leur rôle, leurs caractéristiques et leurs spécificités. Nous aborderons également la différence entre les bookmakers français agréés par l'ARJEL (Autorité de Régulation des Jeux en Ligne) et les bookmakers situés en dehors de cette réglementation.

1. ARJEL

L'ARJEL est l'organisme de régulation français chargé de superviser et de contrôler les opérations de paris sportifs en ligne. Les bookmakers ARJEL sont des opérateurs de paris sportifs légalement autorisés par cet organisme et répondant à des normes réglementaires spécifiques, notamment en termes de protection des joueurs et de lutte contre la fraude.

Les bookmakers ARJEL doivent se conformer à des normes strictes en termes de transparence et d'équité. Cela signifie que les cotes proposées doivent être claires et équilibrées, et que les résultats des paris doivent être déterminés de manière impartiale et basée sur des résultats sportifs officiels et vérifiables. Ces bookmakers sont tenus de coopérer avec l'ARJEL et les autorités compétentes dans la lutte contre la fraude, le blanchiment d'argent et d'autres activités illégales liées aux paris sportifs.

Voici un aperçu des principaux bookmakers ARJEL utilisés par les parieurs, chacun ayant ses avantages et ses inconvénients :

Bookmaker	Bonus de bienvenue	Cotes boostées	Défis*	Meilleures cotes	Global
Winamax	★★★	★★★	★★	★★★	★★★
Betclic	★	★★★	★★	★★★	★★★
ParionsSport	★★	★★	★★★	★★	★★
Unibet	★	★★	★	★★	★★
Zebet	★★★	★	★	★	★

Tableau 3 : Top Bookmakers ARJEL

*Pour en savoir plus sur les défis, rendez-vous dans la partie *IX.Les stratégies gagnantes*.

<u>Astuce</u> : **Commencez par vous inscrire sur Winamax ou Betclic.**

2. Hors ARJEL

Les bookmakers hors ARJEL sont des opérateurs de paris sportifs qui ne détiennent pas de licence délivrée par l'ARJEL. Ces bookmakers ne sont pas réglementés par l'organisme français et n'opèrent donc pas conformément aux lois et réglementations spécifiques en vigueur en France.

Les bookmakers hors ARJEL obtiennent généralement des licences de régulateurs étrangers dans des juridictions où les paris sportifs en ligne sont légalisés et réglementés. Ces licences leur permettent de fournir leurs services à des parieurs français en ligne, même s'ils n'ont pas obtenu une licence spécifique de l'ARJEL.

Étant donné que ces bookmakers ne sont pas réglementés par l'ARJEL, il existe certains risques associés à leur utilisation. Par exemple, en cas de litige ou de problème avec un bookmaker hors ARJEL, il est beaucoup plus difficile de faire valoir ses droits ou d'obtenir une assistance réglementaire pour récupérer son argent.

Vous l'aurez compris, je ne conseille pas l'ouverture d'un compte hors ARJEL pour les parieurs débutants, mais c'est un outil indispensable si vous voulez par la suite devenir un parieur professionnel. Voici un aperçu de bookmakers hors ARJEL :

Bookmaker	Bonus de bienvenue	Facilité ouverture compte	Meilleures cotes	Sécurité	Global
Pinnacle	X	★	★★★	?	★ ?
Stake	X	★★	★★	? ?	★ ? ?

Tableau 4 : Exemple Bookmakers hors ARJEL (non exhaustif)

VI. OPTIMISER SES BONUS DE BIENVENUE

Les bonus de bienvenue sont un excellent moyen de se construire une bankroll sans prendre trop de risques. La grande majorité des parieurs n'optimise pas assez bien cette technique. Nous allons donc voir quelles sont les stratégies les plus efficaces pour maximiser vos gains avec les bonus de bienvenue, en fonction des risques que vous souhaitez prendre.

1. Reconnaître les différentes offres

Pour profiter au mieux des offres de bienvenue des sites de paris sportifs, il faut tout d'abord bien comprendre les différences entre les offres.

Les bonus de bienvenue existent généralement sous quatre formes différentes :
- les freebets offerts : par exemple lorsque vous déposez 100€, vous bénéficiez de 100€ de freebets offerts.

- les freebets offerts selon le montant du premier pari placé : lorsque vous déposez et pariez 100€ sur votre premier pari, vous bénéficiez alors de 100€ de freebets offerts.

- le pari remboursé en cash : lorsque vous déposez et pariez 100€ et que vous perdez votre premier pari, vous récupérez vos 100€.

- le pari remboursé en freebets : lorsque vous déposez et pariez 100€ et que vous perdez votre premier pari, vous récupérez 100€ de freebets.

Le bonus le plus intéressant est les freebets offerts, parce que vous pouvez parier sans risquer votre propre argent. De plus, vous n'êtes pas obligé de parier tout votre bonus d'un coup, ce qui permet de réduire la variance. C'est le cas sur Winamax par exemple, ce qui en fait le meilleur bookmaker pour commencer les paris sportifs.

A noter que sur la majorité des sites, les bonus sont plafonnés à 100€ de dépôt, ce qui correspond soit 100€ de freebets offerts, soit un pari remboursé jusqu'à 100€.

<u>Astuce :</u> Privilégiez les bookmakers qui offrent des freebets pour bonus de bienvenue pour ne pas risquer votre propre argent.

2. La stratégie "safe"

La première stratégie est de jouer "safe", c'est-à-dire de convertir ses freebets en euros grâce au surebet. Avec cette méthode, on sait exactement combien d'argent on va générer. Attention, il faut créer un compte sur au moins deux bookmakers pour appliquer cette stratégie.

Nous allons ici détailler les stratégies optimisées lorsque vous disposez d'une bankroll d'environ 100€ sur les deux comptes.

- Sur les bookmakers qui offrent des freebets, la technique consiste à convertir vos freebets avec un taux de conversion de 80%, comme expliqué dans la sous-partie suivante *4.Optimiser ses freebets.*

Par exemple, vous pourrez transformer vos 100€ de freebets offerts en 80€ d'argent réel.

- Sur les bookmakers qui offrent des freebets en fonction du montant du premier pari placé, la technique consiste à couvrir votre premier pari sur un autre bookmaker.

Par exemple, vous allez placer 100€ sur une cote à 1,1 au tennis, puis placer 18,3€ sur l'adversaire qui aura une cote aux alentours de 6 (avec un TRJ de 92%). D'un côté, vous allez perdre votre mise cumulée de 118,3€, mais de l'autre côté vous gagnez 110€, ce qui donne une perte de 8,3€ pour récupérer 100€ de freebets. En convertissant vos freebets avec un taux de conversion de 80%, vous gagnez donc environ 72€.

- Sur les bookmakers qui remboursent le premier pari en cash, la technique est de répartir vos mises de manière intelligente. Plus vous pouvez engager de l'argent, plus la technique est rentable. Pour ne pas pénaliser les plus petites bankroll, voici un exemple nécessitant 100€ sur deux bookmakers.

Pour l'exemple, nous allons utiliser un match de tennis avec des cotes de 2,5 pour le joueur A et de 1,5 pour le joueur B, ce qui correspond à un TRJ de presque 94%.

Sur le premier bookmaker, où vous disposez de l'offre de bienvenue, vous misez 100€ sur le joueur A, soit le maximum couvert par le bonus de dépôt. Sur le second bookmaker, vous misez 100€ sur le joueur B.

Si le joueur A gagne, vous empochez 250€ sur le premier bookmaker, mais vous devez retirer 100€ de mise sur ce bookmaker et 100€ perdus sur le second. Vous obtenez un gain de 50€.

Si le joueur B gagne, votre pari est remboursé sur le premier bookmaker. Sur le second, vous empochez 150€, auxquels il faut déduire 100€ de mise. Vous obtenez aussi un gain de 50€.

Quel que soit l'issue du match, vous gagnez 50€ grâce à cette technique.

- Sur les bookmakers qui remboursent le premier pari en freebets, la méthode à appliquer est la même, mais la répartition des mises est différente, et les gains sont plus faibles.

Reprenons le même match de tennis, voici la nouvelle répartition des mises.

Sur le premier bookmaker, où vous disposez de l'offre de bienvenue, vous misez 100€ sur le joueur A, soit le maximum couvert par le bonus de dépôt. Sur le second bookmaker, vous misez 113,3€ sur le joueur B.

Si le joueur A gagne, vous empochez 250€ sur le premier bookmaker, mais vous devez retirer 100€ de mise sur ce bookmaker et 113,3€ perdus sur le second. Vous obtenez un gain d'environ 37€.

Si le joueur B gagne, vous perdez vos 100€ d'argent réel et vous récupérez 100€ de freebets sur le premier bookmaker.

En utilisant la technique de conversion de freebets, vous transformez vos 100€ de freebets en 80€, soit une perte de 20€ sur ce bookmaker. Sur le second, vous empochez 170€, auxquels il faut déduire 113,3€ de mise ainsi que les 20€ de perte sur le premier bookmaker. Vous obtenez aussi un gain d'environ 37€.

Quel que soit l'issue du match, vous gagnez environ 37€ grâce à cette technique.

Par ailleurs, n'oubliez pas de profiter des offres de parrainage, qui sont un bon moyen pour gonfler votre bankroll de départ (et pour me soutenir si vous le souhaitez).

Voici mes différents liens et codes de parrainage :
- Winamax : https://www.winamax.fr/i/MDAwMDZpbWk1bg==
- Betclic : MATHNLY1
- Unibet : RXND2
- PMU : 243875209
- Stake (hors ARJEL) : https://stake.bet/?c=4fb76e6bcb

En synthèse, si vous voulez profiter au maximum des bonus de bienvenue et de parrainage, il faut s'inscrire sur plusieurs bookmakers.

Voici un exemple détaillé de montant que vous pouvez gagner, sans compter les bonus de parrainage, en vous inscrivant sur les principaux bookmakers français.

Sur Winamax et Zebet, vous avez actuellement (Septembre 2023) 100€ de freebets offerts, ce qui fait 80€ de gain sur chacun des comptes en convertissant vos freebets.

Sur ParionsSport, qui vous offre des freebets en fonction du montant de votre premier pari, et comme nous l'avons vu dans l'exemple précédent, vous pouvez gagner environ 72€.

En vous inscrivant sur PMU qui rembourse actuellement le 1er pari en cash, vous pouvez récupérer 50€. Si vous avez une bankroll plus conséquente, vous pouvez même gagner un peu plus en choisissant un match plus adapté pour répartir vos mises. En effet, le but est de parier sur un match avec une cote plus élevée sur l'une des deux issues.

Enfin, en vous inscrivant sur Betclic et Unibet qui remboursent le 1er pari en freebets, vous pouvez récupérer environ 37€ par compte. Encore une fois, si vous avez une bankroll plus conséquente, vous pouvez gagner un peu plus en choisissant un match plus adapté.

Au total, en ouvrant six comptes avec un dépôt de 100€ sur chaque bookmaker, soit une bankroll de départ de 600€, vous gagnez plus de 400€ grâce aux bonus de bienvenue, ce qui vous donne une bankroll de départ de près de 1.000€. Les bonus de parrainage vous rapportent entre 50€ et 150€ selon les offres du moment, ce qui peut vous amener à près de 1.100€ de bankroll.

<u>Astuce :</u> Privilégiez cette stratégie si vous débutez aux paris sportifs et que vous avez une bankroll réduite.

3   La stratégie risquée

Cette stratégie consiste à ne pas surebet mais à jouer vos bonus de bienvenue sur un seul pari. Cette stratégie est plus risquée car vous n'avez pas de gains assurés, par contre, elle vous permet potentiellement de gagner beaucoup plus d'argent.

Le gros point négatif est qu'il est impossible de prévoir combien on va gagner avec cette méthode.

4. Optimiser ses freebets

Que ce soit avec les bonus de bienvenue ou avec les défis, vous allez quotidiennement être confronté aux freebets. Et il faut faire attention car les freebets peuvent être trompeurs. En effet, avec les freebets, vous ne récupérez pas votre mise, ce qui rend les freebets peu intéressants sur les faibles cotes. Si vous misez 100€ de freebets sur une cote à 1,5 et que votre pari est gagnant, vous gagnez 50€. Or les probabilités implicites de victoire pour une cote à 1,5 sont de 66% (pour un TRJ de 100%), ce qui fait que le résultat de votre pari est le suivant :
- 66% du temps vous gagnez 50€
- 34% du temps vous gagnez 0€

Dans cet exemple, vous allez donc en moyenne transformer 100€ de freebets en seulement 33€. Voici un exemple de transformation de 100€ de freebets en pariant sur différentes cotes :

Cote	Gains
1,33	25€
1,5	33€
2	50€
3	66€
5	80€
20	95€
100	99€
1000	100€

Tableau 5 : Parier ses freebets

Il est donc plus intéressant de jouer ses freebets sur des cotes élevées pour en tirer un maximum de valeur. Vous l'aurez compris, il est presque impossible de transformer 100€ de freebets en véritables 100€. Nous allons donc voir ce qu'il faut faire de vos freebets.

La première option est de répartir vos freebets sur plusieurs paris, avec des cotes élevées, pour espérer récupérer entre 50€ et 100€ pour 100€ de freebets misés.

La deuxième option est de convertir vos freebets de manière sécurisée, avec un taux de conversion inférieur à 100% bien évidemment, le plus souvent aux alentours de 80%.

Pour réaliser cette technique, il faut choisir un match avec un bon TRJ, et surtout une cote du favori assez basse, entre 1,2 et 1,5 de préférence. Voici un exemple réel de répartition de vos mises pour garantir un taux de conversion de 80%. Vous allez miser 100€ d'argent réel et 39,8€ de freebets pour obtenir 132€ d'argent réel, ce qui correspond à transformer 39,8€ de freebets en 32€, soit un taux de conversion d'environ 80%.

	Equipe 1	Nul	Equipe 2	Total
Cote	1,32	5,75	12	
Mise	100€	27,8€ freebets	12€ freebets	100€ + 39,8€ freebets
Gain brut	132€	132€	132€	132€

Tableau 6 : Conversion freebets

La méthode est encore plus efficace et donne un meilleur taux de conversion lorsque l'on sélectionne plusieurs matchs pour répartir ses mises sur des combinés. Cependant, cette technique requiert plus de temps et d'attention, car il faut placer un grand nombre de paris.

Pour savoir comment répartir vos mises et connaître le taux de conversion, vous pouvez télécharger le document que j'ai créé pour l'occasion : https://docs.google.com/spreadsheets/d/1ek8RoFPl_qdny_9-SRLpXHO540WJbszc0KSKL-lOkQ0/edit?usp=sharing.

Mode d'emploi :
Il vous suffit de compléter les cases en rouge avec les cotes du (ou des) match(s) qui vous intéresse(nt), ainsi que le montant de freebets que vous souhaitez convertir.
Attention, pour chaque match vous devez entrer la cote la plus faible, c'est-à-dire du favori pour l'équipe A, et celle de l'outsider pour l'équipe B.
Je vous conseille d'utiliser la méthode sur deux matchs (neuf issues) ou un seul match (trois issues), qui sont les méthodes les plus simples à appliquer.
Si vous choisissez la méthode à un seul match (trois issues), comparez les taux de conversion des deux tableaux et sélectionnez celui avec le taux de conversion le plus élevé. Il faut ensuite répartir vos mises comme indiqué dans les cases vertes de la méthode choisie.

Maintenant que vous connaissez les différentes approches, c'est à vous de choisir comment vous souhaitez jouer vos freebets.

Astuce : Ne convertissez jamais vos freebets avec un taux inférieur à 75%.

VII. GÉRER SON ARGENT

Puisque vous avez construit votre première bankroll, nous allons maintenant voir comment la faire fructifier sans risquer de perdre son argent.

1. La bankroll et les mises

La gestion de bankroll est la clé pour devenir un parieur gagnant, car faire de bonnes analyses ne suffit pas. Voici quelques principes fondamentaux pour une gestion efficace de votre bankroll.

A. Se Fixer Une Somme D'argent

Commencez par déterminer la somme d'argent que vous êtes prêt à consacrer uniquement aux paris sportifs. C'est ce qui va constituer votre bankroll initiale. Il est important de choisir un montant que vous pouvez vous permettre de perdre sans affecter votre situation financière ou votre qualité de vie. Comme nous l'avons vu à titre d'exemple dans la partie précédente *VI.Optimiser ses bonus de bienvenue*, 600€ est une somme idéale pour commencer les paris sportifs.

Astuce : Si vous commencez avec trop peu d'argent vous allez progresser moins vite. Cependant, ce n'est pas forcément une mauvaise chose si vous êtes débutant.

B. Définir Une Stratégie De Mise

Une fois que vous avez choisi la taille de votre bankroll, il faut définir une stratégie de mise. Je vais vous présenter ici cinq techniques simples pour placer vos mises de la meilleure des manières.

1. La mise fixe en €
Se fixer une mise que l'on ne va jamais changer. C'est la solution la plus simple pour débuter.

Par exemple, avec une bankroll de départ de 1.000€, vous pouvez vous fixer 10€ comme mise pour chaque pari.
Le problème avec cette méthode est que si vous n'adaptez pas régulièrement le montant de cette mise lorsque votre bankroll

diminue, vous pouvez perdre très rapidement votre mise initiale.

En effet, en misant un montant fixe sur des cotes moyennes à 2 avec 1.000€ de bankroll, un parieur lambda risque de se ruiner (c'est-à-dire perdre à terme la totalité de sa bankroll) :

Mise	% Ruine
100€	92%
50€	84%
20€	62%
10€	33%
5€	5%
1€	0%

Tableau 7 : Chance de se ruiner

2. La mise fixe en %
Se fixer un pourcentage de bankroll que l'on souhaite engager pour chaque pari. Vous avez beaucoup moins de risques de vous ruiner avec cette technique.

Par exemple, si votre bankroll de départ est de 1.000€, vous pouvez miser 1% de votre bankroll par pari. Cela veut dire que vous misez 10€ sur votre premier pari. Si vous perdez votre pari vous avez maintenant 990€ donc vous allez miser 9.9€ sur votre prochain pari, et ainsi de suite.

3. La mise variable en fonction de la cote en %
Une autre stratégie est de changer sa mise en fonction de la cote du pari, en appliquant une règle simple. Avec cette technique vous vous assurez de ne pas avoir trop d'argent engagé sur de grosses cotes.

Par exemple, miser 1% sur une cote inférieure à 2 puis 0,5% sur une cote entre 2 et 3 puis 0,25% sur une cote entre 3 et 5, et 0,1% sur une cote supérieure à 5.

4. Le gain fixe en €

Si vous ne voulez pas être affecté mentalement par de gros gains ou pertes, et être tenté de cash-out, vous pouvez opter pour une stratégie de gain fixe, en ajustant votre mise pour gagner toujours le même montant.

Par exemple, pour gagner 10€ sur chaque pari, vous allez miser 20€ sur une cote à 1,5, 10€ sur une cote 2, 5€ sur une cote à 3 et ainsi de suite.

5. Le gain fixe en %

Vous pouvez aussi ajuster votre mise pour gagner toujours le même pourcentage de bankroll. C'est presque la même technique, mais cela permet à votre bankroll de progresser plus rapidement.

Par exemple, pour gagner 1% de bankroll par pari, vous allez miser 2% sur une cote à 1,5, 1% sur une cote 2, 0,5% sur une cote à 3 et ainsi de suite.

Astuce : Choisissez la stratégie avec laquelle vous êtes le plus à l'aise et évitez de déroger à la stratégie que vous vous êtes fixée.

C. Suivre Vos Paris

Tenez un suivi de tous vos paris, avec les montants misés, les cotes, les bookmakers, les bénéfices/pertes, ainsi que les résultats des matchs. Cela vous permettra d'avoir une vue d'ensemble de vos performances et d'identifier les domaines dans lesquels vous pouvez vous améliorer.

Analysez vos résultats régulièrement pour ajuster votre approche si nécessaire. Cela vous permettra aussi d'avoir une vision actualisée de votre bankroll, qui sera, rappelons le, répartie sur plusieurs bookmakers.

En respectant ces principes, vous serez en mesure de gérer votre bankroll de manière efficace et responsable. Cela contribuera à préserver votre capital, à minimiser les risques et à maximiser vos chances de succès à long terme dans les paris sportifs.

Astuce : Pas besoin de chercher un outil compliqué à utiliser, un fichier sur tableur est un très bon moyen de débuter.

2. Espérance de gain

L'espérance de gain est un concept important dans les paris sportifs. Cela représente le montant moyen que vous pouvez vous attendre à gagner ou à perdre sur un pari donné, en tenant compte des probabilités et des cotes. Si l'espérance de gain est positive, c'est que votre pari est rentable sur le long terme. Si l'espérance de gain est négative, cela signifie que vous allez perdre de l'argent sur le long terme.

Mais alors comment calculer son espérance de gain ?
Voici un exemple simple de calcul d'espérance de gain pour mieux comprendre.

Supposons que vous pariez 100€ sur une cote à 2 avec un TRJ de 100%, et que votre probabilité de gagner est de 55% parce que vous êtes un bon parieur (bravo). La formule pour calculer l'espérance de gain est la suivante :

> *Formule 5 :*
> *Espérance de gain =*
> *Probabilité gain estimée*
> ** (Cote * Mise - Mise)*
> *- Probabilité perte estimée * Mise*

En appliquant cette formule avec les bonnes valeurs, cela nous donne une espérance de gain de 0,55 * (2 * 100 - 100) - 0,45 * 100 = 10€. Ce qui veut dire que votre ROI est de 10%, et donc que vous gagnez 10€ à chaque fois que vous pariez 100€.

Or les TRJ sont beaucoup plus bas en France, et pour un TRJ classique de 92%, vous retrouvez des cotes de 1,85 pour chaque joueur si vous pariez, par exemple, sur un match de tennis équilibré. Si on reproduit le calcul d'espérance de gain, toujours avec 55% de chance de victoire, vous allez gagner 1,75€ en moyenne, ce qui vous donne un ROI de seulement 1,75%.

Maintenant imaginons que vous n'ayez pas d'avantage sur les bookmakers, c'est-à-dire que vous gagnez votre pari seulement 50% du temps. Si on reproduit le calcul d'espérance de gain, vous allez perdre 7,5€ en moyenne, ce qui vous donne un ROI de -7,5%.

L'espérance de gain est donc un outil utile pour évaluer la valeur d'un pari et prendre de bonnes décisions. Cependant, il est important de noter que l'espérance de gain est basée sur des probabilités et des estimations, et qu'elle ne garantit pas le résultat d'un pari individuel.

Il est important de noter qu'une espérance de gain positive ne signifie pas que votre pari va être gagnant à tous les coups.

De plus, comme nous allons le voir avec la variance, vous pouvez perdre beaucoup de paris de suite même en étant un bon parieur, ce qui rend la vie du parieur plus compliquée.

3. Variance

Comme présenté dans la première partie, la variance mesure l'écart entre les résultats réels et les résultats attendus. La variance, c'est un but CSC à la 90ème minute qui vient transformer un pari gagnant en perdant. En d'autres termes, la variance représente votre chance aux paris sportifs.

Plus la cote est élevée, plus la variance est élevée. Il faut donc vous adapter en réduisant les mises lorsque les cotes sont hautes. Pour cela, vous pouvez adopter une des stratégies de gain fixe, ou de mise variable, décrite dans la sous-partie précédente *1.La bankroll et les mises.*

Il faut savoir que la variance impacte grandement les résultats, à tel point que sur un échantillon de 1.000 paris, un bon parieur peut être perdant, et un mauvais parieur gagnant, ce qui est très surprenant.

Pour démontrer ce point, nous allons observer la distribution des résultats (en unité de mise) d'un parieur avec 5% de ROI théorique sur 100 paris en misant sur des cotes à 2 de moyenne.

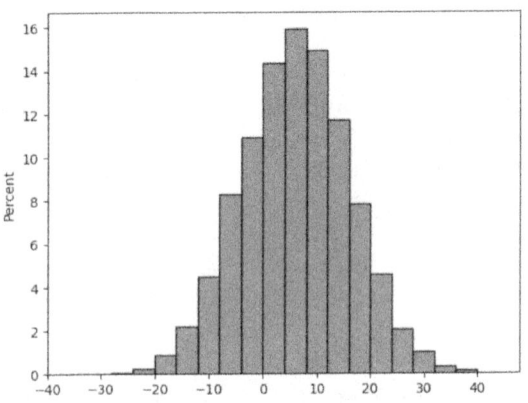

Graphique 1 : Résultats d'un parieur gagnant après 100 paris

Comme attendu, ce parieur gagne en moyenne 5 unités de mise sur 100 paris, ce qui correspond bien à un ROI de 5%.

Cependant, on remarque tout de même qu'il a des chances non négligeables d'être perdant après 100 paris. En effet, il a par exemple 11% de chance de perdre entre 0 et 4 unités de mise. Au total, il a 27% de chance d'être dans le rouge, même avec un ROI positif.

Pour un parieur perdant sur le long terme, avec -5% de ROI théorique, voici la distribution des résultats sur 100 paris, toujours en misant sur des cotes à 2.

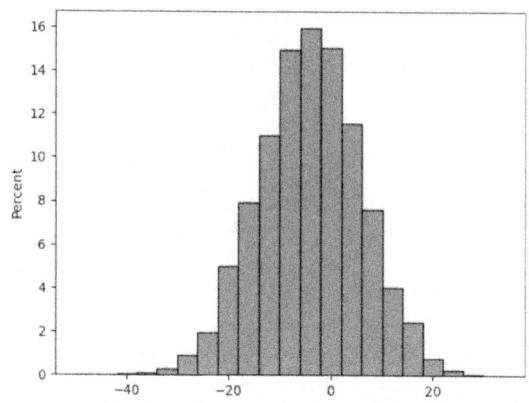

Graphique 2 : Résultats d'un parieur perdant après 100 paris

Comme attendu, ce parieur perd en moyenne 5 unités de mise sur 100 paris, ce qui correspond bien à un ROI de -5%.

Cependant, on remarque tout de même qu'il peut être gagnant après 100 paris. En effet, il a 27% de chance d'être gagnant, c'est-à-dire autant de chances que le parieur avec 5% de ROI soit perdant après 100 paris.

Un parieur gagnant peut donc être perdant après 100 paris, et un parieur perdant peut être gagnant. Plus étonnant, il est encore possible de voir ce résultat sur un échantillon de 1.000 paris.

Voici maintenant la distribution des résultats d'un parieur avec 5% de ROI théorique sur 1.000 paris.

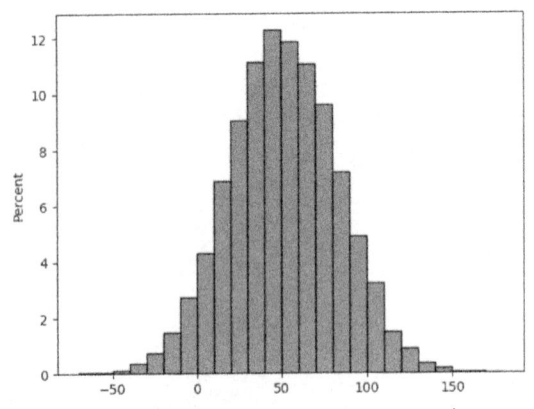

Graphique 3 : Résultats d'un parieur gagnant après 1.000 paris

On remarque qu'il est donc toujours possible pour un bon parieur d'être perdant après 1.000 paris, mais les probabilités sont plus faibles. En effet, il existe seulement 5,5% de chance d'être perdant après 1.000 paris, contre 27% après 100 paris.

Regardons maintenant, la distribution d'un parieur avec -5% de ROI théorique sur 1.000 paris.

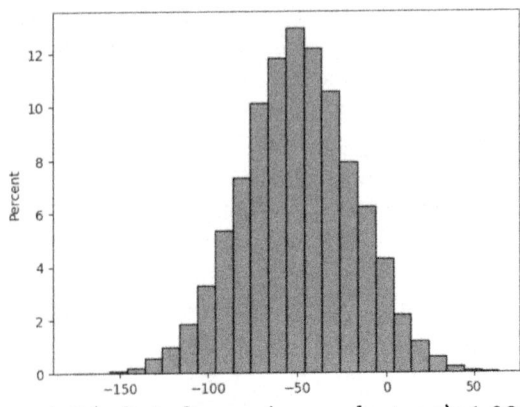

Graphique 4 : Résultats d'un parieur perdant après 1.000 paris

On retrouve la même distribution que pour le parieur avec 5% de ROI, seulement cette fois elle est centrée autour de -50, ce qui correspond bien à un ROI de -5% appliqué sur 1.000 paris.

Ce parieur perdant peut toujours avoir de la chance et être gagnant, car il a une probabilité de 5,5% d'être gagnant après 1.000 paris, mais beaucoup moins qu'après 100 paris où il avait une probabilité de 27%.

Il est donc impossible de savoir si vous êtes un bon ou un mauvais parieur sur le court terme, uniquement avec vos résultats. Si vous perdez de l'argent mais que vous pensez être un bon parieur, il faut faire plus de volume, c'est-à-dire placer plus de paris, pour que le facteur chance ait moins d'impact. Si vous avez un ROI positif et que vous placez assez de paris, la probabilité de perdre de l'argent est très faible.

En effet, après 10.000 paris et avec 5% de ROI théorique, vous pouvez difficilement être perdant si vous misez sur des cotes à 2 de moyenne. Attention toutefois à ne pas échanger qualité contre quantité. En effet, si vous essayez de placer plus de paris sans augmenter le temps que vous consacrez à l'analyse de l'ensemble de vos matchs, il y a de grandes chances pour que votre ROI diminue.

Pour faire face à la variance, il est essentiel d'adopter une approche disciplinée et cohérente. Cela comprend la gestion prudente de votre bankroll, l'évaluation objective des résultats sur une période plus longue et le maintien d'une approche basée sur l'espérance de gain plutôt que sur les résultats immédiats. En comprenant l'impact de la variance et en l'incorporant dans votre stratégie de paris, vous serez mieux préparé pour faire face aux fluctuations à court terme et pour maximiser vos gains sur le long terme.

<u>Astuce :</u> **Prenez du recul sur vos paris et regardez vos résultats dans leur ensemble.**

VIII. GÉRER SES ÉMOTIONS

Si vous appliquez correctement les règles de gestion de bankroll, sachez que vous faites déjà partie des meilleurs parieurs. Pour atteindre un niveau confirmé, vous devez avoir un mental solide et savoir gérer vos émotions, comme pour tout investissement risqué.

1. *Les principes de base*

La gestion des émotions est un aspect fondamental des paris sportifs. Les émotions peuvent avoir un impact significatif sur vos décisions et votre bien-être général en tant que parieur. Voici quelques principes de base pour gérer vos émotions dans le domaine des paris sportifs.

A.   Ne Pas Stresser

Si vous stressez, c'est sûrement que vous avez engagé trop d'argent sur un seul pari. C'est donc que vous ne respectez pas une stratégie de mise adaptée à votre profil de parieur. Imaginons que vous appliquiez une stratégie de mise fixe en %, et que vous misiez 1% par pari. Si vous misez 1% de bankroll sur une cote à 10 par exemple, le gain du pari représente un montant trop important de votre bankroll, et il est normal de se retrouver affecté par le montant de ce pari.

B.   Prendre Du Plaisir

Les paris sportifs doivent rester amusants et excitants. Ne laissez pas les résultats des paris vous affecter au point de perdre le plaisir de regarder une rencontre et de parier sur ce sport.

Si vous ne prenez pas de plaisir, que ce soit à jouer ou à gagner, vous allez être démotivé et donc arrêter de parier, ou pire encore prendre des mauvaises décisions de gestion de bankroll et risquer de tout perdre.

C.   Accepter La Défaite Et Être Humble Dans La Victoire

Les pertes font partie intégrante des paris sportifs. Il est essentiel d'accepter que vous ne gagnerez pas tous les paris et de ne pas laisser les pertes vous affecter émotionnellement. Soyez résilient, adoptez une attitude positive et utilisez les pertes comme une occasion d'apprendre pour améliorer votre approche et vos compétences de parieur.

Un pari peut être bon et perdant ou à l'inverse mauvais et gagnant. C'est pour cela qu'il faut avoir une vision long terme, car même si vos choix sont bons, la variance sera là pour vous déstabiliser et vous faire douter.

D. Faire Des Pauses

Il est important de faire des pauses, notamment lors des mauvaises séries. En effet, si vous perdez trop de paris de suite, vous risquez de changer inconsciemment votre manière de parier. Vous allez donc prendre de moins bonnes décisions, ce qui va vous entraîner vers des résultats encore moins bons et vous faire entrer dans une spirale de défaites.

<u>Astuce</u> : Aux paris sportifs, votre pire ennemi est vous même.

2. Les biais cognitifs

Les parieurs sont sujets à divers biais cognitifs qui peuvent affecter leurs décisions et leur jugement. Ces biais peuvent influencer les choix de pari à notre insu. Pour pallier ce problème, je vais vous décrire les biais cognitifs les plus courants auxquels les parieurs sont confrontés.

A. Le Biais De Confirmation

Chercher et retenir des informations qui confirment nos croyances préexistantes, et fermer les yeux sur des informations qui contredisent nos paris.

Par exemple, l'équipe sur laquelle je veux parier a gagné une confrontation contre l'adversaire il y a plus de cinq ans, et cela me donne une raison de plus de parier sur mon équipe. Alors qu'en réalité, les situations sont totalement différentes et on ne peut pas tirer de leçons d'un événement si lointain.

B. Le Biais De Résultat

Le fait d'accorder plus d'importance au résultat qu'au déroulement global. C'est-à-dire penser qu'un pari gagnant veut dire que c'est un bon pari, et inversement qu'un pari perdant était forcément mauvais.

Par exemple, votre équipe est dominée tout le match, mais par chance elle n'encaisse pas de but et gagne sur pénalty grâce à une erreur d'arbitrage, donc vous pensez avoir fait un bon pari. Alors que vous avez juste eu de la chance cette fois-ci.

C. Le Biais D'autocomplaisance

Se croire à l'origine de ses réussites et attribuer ses échecs aux autres.

Par exemple, lorsque votre pari est gagnant vous pensez être performant, alors que lorsque votre pari ne passe pas vous pensez que c'est de la malchance ou que c'est la faute de l'arbitre.

D. Le Biais De Négativité

Donner plus de poids aux expériences négatives qu'aux expériences positives, c'est-à-dire s'en souvenir davantage.

Par exemple, vous gagnez plusieurs paris sur des buts à la 90ème de votre équipe, et vous perdez un seul pari sur un but à la 90ème, vous allez sans doute vous souvenir du pari que vous avez perdu.

E. Le Biais Du Survivant

Surévaluer les probabilités de réussite d'un événement en se focalisant sur les personnes qui ont eu de la chance. Malheureusement, ce biais est de plus en plus présent à cause des réseaux sociaux.

Par exemple, vous avez vu sur X (ex-Twitter) quelqu'un gagner un combiné avec une cote à 1.000, donc s'il a réussi vous pensez pouvoir réussir également. Alors qu'en fait pour un parieur qui gagne une cote à 1.000, c'est 999 parieurs qui perdent leur mise.

<u>Astuce :</u> Ecrivez ces biais cognitifs quelque part et relisez-les chaque semaine.

3. Se connaître pour adapter sa stratégie

Pour ces diverses raisons, il est essentiel de se connaître en tant que parieur afin d'adapter sa stratégie de pari de manière efficace. Chaque parieur a ses propres forces, faiblesses, préférences et objectifs, et il est important de les prendre en compte lors de l'élaboration d'une stratégie globale. Voici quelques aspects à considérer pour mieux se connaître en tant que parieur.

A. Comprendre Son Niveau De Tolérance Au Risque

Certaines personnes sont plus à l'aise avec des paris plus risqués et des fluctuations de bankroll plus importantes, tandis que d'autres préfèrent des paris plus conservateurs avec un niveau de risque plus faible. Identifiez votre propre tolérance au risque et adaptez votre stratégie de mise en conséquence.

B. Evaluer Ses Connaissances

Il faut identifier les sports ou les compétitions que vous connaissez le mieux, ainsi que les statistiques que vous préférez utiliser. En effet, le mieux est de se concentrer sur les domaines où vous avez une expertise et une bonne compréhension pour prendre de meilleures décisions que les autres parieurs.

C. Evaluer Son Temps Disponible

Certains parieurs peuvent se permettre de passer de nombreuses heures à la recherche, l'analyse et au suivi des événements sportifs, tandis que d'autres vont avoir des engagements personnels ou professionnels qui limitent leur disponibilité. Tenez compte de votre emploi du temps et de votre engagement et ajustez votre stratégie en conséquence.

<u>Astuce :</u> N'hésitez pas à mesurer le temps que vous passez chaque semaine sur les paris.

D. Déterminer Ses Objectifs

Il est très important de déterminer vos objectifs financiers en matière de paris sportifs. Il faut savoir si vous souhaitez générer un revenu complémentaire régulier ou si vous cherchez simplement à vous amuser. Vos objectifs financiers influenceront votre approche de la gestion de la bankroll, des types de paris que vous sélectionnez et de la prise de risque que vous êtes prêt à assumer.

<u>Astuce :</u> Ecrivez vos objectifs quelque part et relisez-les chaque semaine.

Une fois que vous vous connaissez mieux en tant que parieur, vous pouvez adapter votre stratégie en fonction de ces informations. Cela vous permettra d'élaborer une approche de pari qui vous convient personnellement. Soyez prêt à ajuster et à affiner votre stratégie au fil du temps en fonction de votre expérience et de vos résultats.

4. Garder le contrôle

La dernière étape de la gestion de ses émotions est de garder son calme en toute circonstance. Nous allons donc voir comment avoir un mental d'acier pour gagner aux paris sportifs et rester en contrôle de ses émotions. Voici sept points clés pour garder le contrôle sur vos émotions :

1. Jouez uniquement ce que vous pouvez vous permettre de perdre.
2. N'engagez pas un pourcentage trop important de votre bankroll par mise ou par jour.
3. Acceptez qu'un pari puisse être mauvais, et tirez-en des conclusions pour ne plus reproduire la même erreur.
4. Acceptez qu'un pari soit bon mais ne passe pas par manque de chance. Il faut avoir une vision à long terme.
5. Ne vous laissez pas emporter par la peur de manquer une occasion lorsque les cotes baissent.
6. Ne suivez pas aveuglément un tipster, vérifiez toujours son analyse. Rien de pire que de suivre un pari sans le comprendre et en plus de le perdre.
7. Ne pariez jamais pour vous refaire. C'est le signe que votre état mental est déjà trop affecté.

Vous l'aurez compris, suivez votre stratégie et soyez discipliné, et vous augmenterez vos chances d'être un parieur gagnant sur le long terme.

En cas de frustration, le mieux à faire est de se déconnecter et de revenir le lendemain après une bonne nuit de sommeil.

Vous pouvez aussi vous fixer des limites de dépôt, ainsi que des limites de mise chez les bookmakers. Cela peut vous permettre d'éviter de faire une erreur que vous regretterez par la suite.

Si vous pensez avoir un problème de dépendance aux paris sportifs, il est important de demander de l'aide. Il existe de nombreuses ressources en ligne pour aider les personnes souffrant de troubles du jeu. Et surtout, n'oubliez pas, parier doit rester un plaisir.

<u>Astuce :</u> **Si vous pensez avoir un problème de dépendance, n'hésitez pas à demander de l'aide auprès de professionnels ou même vous faire interdire des bookmakers.**

IX. LES STRATÉGIES GAGNANTES

Il existe plusieurs stratégies pour être gagnant aux paris sportifs, et le choix d'une stratégie va dépendre de votre temps, de votre bankroll et de vos capacités en tant que parieur.

1. Cotes boostées et défis

Cette stratégie est ultra rentable jusqu'à 20.000€ de bankroll, et elle se décompose en deux parties :
- prendre le maximum de cotes boostées value.
- réaliser le maximum de défis proposés par les bookmakers pour gagner des freebets et les convertir en argent réel.

A. Cotes Boostées

Comme vu précédemment, une cote boostée est une offre spéciale proposée par les bookmakers qui augmentent les cotes de certains paris pour attirer les parieurs sur leur plateforme. Cela signifie que la cote proposée pour ce pari sera plus élevée que la cote normalement offerte, et donc que le pari sera plus rentable pour le parieur.

Il est important de noter que les cotes boostées sont souvent associées à des conditions spécifiques, notamment sur le montant maximum de mise. Les mises maximales les plus courantes sont actuellement de 10€ (Winamax, Betclic, ParionsSport, Unibet, Zebet), 20€ (Betclic) et 50€ (Winamax, ParionsSport, Unibet).

De plus, il est important de faire preuve de prudence. Parfois, les bookmakers proposent des cotes boostées sur des sélections moins probables pour attirer les parieurs sans offrir une véritable value. Il est essentiel de faire sa propre analyse et de calculer si la cote boostée est réellement avantageuse avant de miser.

Le premier réflexe lorsque l'on repère une cote boostée est donc de savoir si elle est rentable. Prenons l'exemple d'un match de tennis où la cote du joueur A est de 1,41 et celle du joueur B de 2,7, ce qui correspond à un TRJ de 92%.
Imaginons maintenant une cote boostée qui fait passer la cote de la victoire du joueur A de 1,41 à 1,8. Pour savoir si elle

est rentable, il faut tout d'abord calculer la véritable cote de l'événement en retirant la marge du bookmaker.

Pour cela, rien de plus facile, il suffit de se rendre sur le site suivant et de remplir les cotes fournies par le bookmaker : https://www.fantasyfootballreports.com/odds-to-probability-calculator/. Ce site vous donnera les véritables cotes, qui sont dans cet exemple de 1,49 pour le joueur A et de 3,03 pour le joueur B.

Attention, la formule utilisée n'est pas mathématiquement exacte, puisque l'on ne connaît pas la répartition réelle de la marge prise par le bookmaker, mais elle permet d'avoir une estimation de la "vraie" cote.

Dans notre exemple, la cote boostée est donc rentable, puisque la vraie cote est de 1,49 ce qui signifie que la cote boostée doit être de 1,5 ou plus pour rapporter de l'argent sur le long terme. On en déduit donc que c'est un très beau boost qui va nous permettre de battre la marge fixée par le bookmaker.

Si vous ne voulez pas perdre trop de temps lors de votre prise de pari, vous pouvez aussi simplement calculer le pourcentage de boost associé à la cote boostée. Pour la cote boostée décrite ci-dessus, le boost est de 100 * (1,8 - 1,41) / 1,41 = 28%.

C'est généralement comme cela que vous allez différencier les cotes boostées et les supers cotes boostées. La différence entre les deux étant le pourcentage de boost et la mise maximale possible. Les super cotes boostées ont généralement un boost supérieur à 20%, mais leur mise maximale est de seulement 10€ ou 20€ selon les plateformes.

Les deux bookmakers les plus généreux dans ce domaine sont Winamax et Betclic. Par exemple, les super cotes boostées de Winamax ont rapporté plus de 1.000€ en 2022 d'après le site WePari : https://wepari.fr/indexs.html, pour un joueur engageant une mise maximale sur chaque pari. Le suivi est plus difficile à faire sur Betclic, mais vous pouvez espérer des résultats comparables. Attention, les résultats passés ne présagent pas des résultats futurs.

<u>Astuce :</u> Les grosses cotes boostées sur Winamax ou Betclic sont souvent très intéressantes.

B. Défis

La seconde partie de la stratégie consiste à tirer avantage des défis proposés par les bookmakers.

Les défis sont des événements lancés par les bookmakers, où vous devez réaliser des actions pour gagner des freebets. Les défis sont variés, et ils peuvent aller de placer un seul pari sur un match spécifique, jusqu'à gagner un ou plusieurs pari(s) avec des cotes élevées sur une période de temps limité.

Ces défis peuvent être récurrents, comme par exemple sur Winamax où vous pouvez gagner 10€ de freebets tous les weekend en pariant sur le match du weekend. Cependant, ce sont le plus souvent des défis ponctuels, pour encourager les parieurs à miser sur des événements spéciaux, comme des tournois ou des compétitions moins connues.

Pour savoir si le jeu en vaut la chandelle, et arriver à identifier les défis rentables de ceux à éviter, le meilleur moyen est de calculer la balance bénéfice/risque. C'est-à-dire combien ce défi vous rapporte en comparaison de l'argent que vous engagez pour le réaliser. En d'autres termes, cela consiste à savoir si vous allez réussir à remplir les conditions du défi assez facilement.

Prenons l'exemple d'un défi dont les conditions sont de gagner deux paris de plus de 20€ avec une cote à 1,85 minimum pour remporter 5€ de freebets. Pour savoir si ce défi est rentable, il faut calculer la perte engendrée pour réaliser le défi de façon sûre, c'est-à-dire en mode surebet. L'idée ici est d'effectuer le pari nécessaire pour valider le défi, et de parier sur l'évènement opposé chez un second bookmaker pour se couvrir.

Reprenons encore l'exemple d'un match de tennis avec une cote pour les deux joueurs de 1,85, c'est-à-dire avec un TRJ classique d'environ 92%. Pour être sûr de valider votre défi, vous devez miser 20€ sur chaque issue, vous allez donc miser 40€ pour gagner seulement 37€ et donc perdre 3€. Puisque vous devez valider deux paris pour remporter les freebets, vous allez perdre 6€ avec la méthode surebet. Or, vous ne gagnez que 5€ de freebets, soit 4€ après une conversion de 80%.

Ce défi n'est donc pas rentable avec la méthode surebet, ce qui est un très mauvais signe. Vous pouvez toujours tenter de réaliser le défi en décelant des value bets sur le bookmaker.

Par contre, si la mise minimale est de 10€, le défi devient rentable. En effet, vous n'allez engager que 40€ pour réaliser ce défi de manière sûre, ce qui donne une perte de 3€, pour 4€ de gain.

Attention, cela ne veut pas dire que vous devez forcément surebet pour réaliser le défi, mais c'est un très bon indicateur pour savoir si le défi est rentable. C'est à vous de décider si vous voulez gagner le défi en pariant "normalement", ou si vous voulez utiliser le surebet car le défi est trop compliqué à réaliser par exemple.

Par contre, ce n'est pas parce que le défi est rentable sur le papier qu'il faut forcément le réaliser. En effet, dans certains cas le surebet est impossible, notamment sur des paris buteurs, et si la cote demandée est trop élevée, vous pouvez perdre plus d'argent que vous n'allez en gagner si vous réalisez le défi.

Dans un premier temps, je vous conseille de vous éloigner des défis qui requièrent de gagner des paris avec des cotes supérieures à 3. Vous pouvez aussi éviter les défis qui demandent de réaliser 5 missions avant de toucher les freebets, comme c'est souvent le cas sur Unibet. En effet, la plupart du temps vous aurez perdu trop d'argent en chemin pour que le défi soit rentable.

Grâce à cette technique, vous pouvez espérer gagner jusqu'à 2.000€ de freebets par an, soit 1.600€ d'argent réel, notamment grâce aux bookmakers ParionsSport (le plus généreux), Winamax et Betclic.

Bien entendu, il faut déduire de cette somme l'argent que vous allez potentiellement perdre pour réaliser ces défis. Cependant, si vous êtes un parieur expérimenté, vous pouvez réussir à ne pas perdre d'argent pour réaliser ces défis. En effet, il suffit d'avoir un ROI légèrement supérieur à 5% sur un TRJ de 100% (sans marge) et de miser sur des matchs avec un TRJ de 95%. Ce sont donc bien 1.600€ par an que vous pouvez générer via les défis.

En additionnant les gains des cotes boostées et des défis, vous pouvez espérez gagner jusqu'à 3.600€ par an grâce à cette technique. De quoi faire progresser votre bankroll bien plus rapidement qu'en suivant n'importe quelle autre technique. Vous pouvez donc passer en un an de 600€ de bankroll à plus de 4.600€ en profitant des bonus de bienvenue puis en appliquant cette technique.

<u>Astuce</u> : Choisissez avec précaution les défis que vous réalisez.

2. Dénicher des value bets

Cette stratégie est applicable à partir de 0€ de bankroll, mais elle demande beaucoup de temps, il est donc conseillé de l'utiliser après avoir dépassé les 10.000€ de bankroll. C'est grâce à cette méthode que vous pouvez devenir parieur professionnel.

Comme vu précédemment, un value bet est un pari qui est considéré comme étant rentable sur le long terme, car il a une probabilité plus élevée de réussite que la cote que propose le bookmaker.
Par exemple, si votre analyse donne 50% de victoire pour une équipe et que la cote est de 2,5. En effet, il faut que le pari passe plus de 40% du temps pour être rentable sur une cote à 2,5.

La question est donc de savoir comment identifier un value bet. Pour trouver un value bet, il faut avoir une bonne estimation de la probabilité de gain d'un pari, et cette tâche n'est pas forcément facile.

Je ne suis pas parieur professionnel, mais je vais quand même vous donner quelques clés pour réussir à trouver des value bets et vous aider à être rentable sur le long terme.

Le plus important est d'utiliser des sites de data pour récupérer le plus de statistiques possible et construire un modèle qui va vous permettre d'estimer des probabilités de victoire pour n'importe quel match. Vous pourrez ensuite comparer ces probabilités avec les cotes proposées par les bookmakers. Le principal est de créer votre propre méthode en choisissant les statistiques qui vous semblent les plus pertinentes.

Une autre méthode est de comparer les cotes des bookmakers entre eux. Si vous remarquez une cote de 2 sur la plupart des bookmakers, notamment les bookmakers hors ARJEL, et que vous trouvez cette cote à 2,2 sur un autre site, il se peut que vous ayez réussi à dénicher un value bet. Par contre, cela demande de surveiller les mouvements de cote et d'être réactif. Il existe des outils pour détecter automatiquement des écarts, par exemple http://tradematesports.com/?ref=BNwXabuB93OVxq8iM2GarDNeXTx2.

Enfin, n'oubliez pas de suivre vos résultats, c'est-à-dire de garder un historique de tous vos paris. Vous allez pouvoir analyser quels sont les points forts et les points faibles de votre méthode, en regardant quelles sont les cotes où vous performez le mieux, quels types de paris vous gagnez le plus, ou encore sur quelle typologie de matchs votre modèle est le plus efficace.

<u>Astuce :</u> Vous pouvez adapter vos mises en fonction des values que vous trouverez.

3. Suivre un tipster

Cette stratégie est applicable à partir de 10.000€ de bankroll, car elle nécessite souvent de payer pour suivre un bon tipster et il faut donc avoir une mise suffisante pour générer des gains qui permettent de couvrir ces coûts spécifiques.

A. Trouver Des Tipsters

Il existe plusieurs moyens pour trouver des tipsters, et voici quelques méthodes pour trouver des tipsters de qualité.

Le meilleur moyen est d'utiliser des sites web spécialisés dans les pronostics sportifs. Ces sites répertorient de nombreux tipsters, accompagnés de statistiques sur leurs performances passées. Vous pouvez consulter ces informations pour choisir les meilleurs tipsters.

Les statistiques les plus importantes à regarder sont :
- le ROI, calculé sur des cotes mises à jour sur Pinnacle
- le nombre de paris, pour s'assurer de la représentativité
- la Closing Line Value (CLV)

La CLV est un concept important puisqu'elle mesure la capacité d'un parieur à obtenir une meilleure cote que la cote de clôture proposée par les bookmakers. La cote de clôture est la dernière cote disponible avant le début d'un événement sportif, elle est généralement considérée comme une estimation précise de la probabilité du résultat.

La CLV se réfère donc à la différence entre la cote à laquelle vous avez placé votre pari et la cote de clôture. Si vous parvenez à obtenir une cote supérieure à la cote de clôture, cela indique que vous avez identifié une valeur sur le marché. En d'autres termes, vous avez jugé le résultat plus probable que ce que les bookmakers ne l'ont estimé initialement. La CLV est considérée comme un indicateur de succès à long terme dans les paris sportifs.

Vous pouvez retrouver des exemples de site dans la section *X.Les outils du parieur.*

Vous pouvez aussi suivre des tipsters populaires sur les réseaux sociaux tels que X (ex-Twitter) ou Télégram. Attention, ce n'est pas parce qu'ils sont populaires qu'ils sont forcément les meilleurs. En effet, beaucoup de parieurs débutants sont attirés par l'argent facile que promettent certains parieurs populaires. Assurez-vous de vérifier leur crédibilité avant de suivre leurs conseils.

Vous pouvez aussi demander des recommandations à d'autres parieurs expérimentés ou à des amis qui s'intéressent aux paris sportifs. Ils peuvent vous orienter vers des tipsters de confiance qu'ils suivent depuis un certain temps.

N'oubliez pas que même avec des tipsters réputés, il est essentiel de faire vos propres recherches, d'analyser les informations et d'appliquer une gestion de bankroll appropriée. Les tipsters peuvent être utiles pour vous fournir une base solide de paris rentables, mais la responsabilité finale de vos paris reste entre vos mains.

<u>Astuce :</u> Ne cherchez pas à tout prix la perle rare et privilégiez un tipster facile à suivre. Un tipster facile à suivre est un tipster qui poste ses paris à l'avance et qui ne poste pas des centaines de paris par jour.

B. Détecter Les Mauvais Tipsters

Attention, le secteur des tipsters est truffé d'arnaques en tout genre. Pour détecter un mauvais tipster, il est important de faire preuve de vigilance et de réaliser une évaluation approfondie de ses performances et de ses prédictions.
Un bon tipster se doit d'être transparent et de fournir des statistiques détaillées concernant ses paris. C'est un très mauvais signe si un tipster ne fournit pas les informations de base que l'on vient d'expliquer (ROI, nombre de paris, CLV).

Cependant, il n'est pas forcément facile de savoir qui sont les mauvais tipsters, puisqu'un mauvais tipster peut gagner plusieurs paris de suite, et un bon tipster en perdre plusieurs de suite. Il est donc vital d'arriver à différencier les bons des mauvais tipsters grâce à d'autres méthodes. Voici six points qui vont vous permettre de démasquer un mauvais tipster :

1. Place des mises de plus de 3% de bankroll par pari

La variance aux paris sportifs fait que vos résultats peuvent fluctuer pendant de longues périodes, même si vous êtes un bon parieur. Si vous misez plus de 3% de bankroll par pari, vous ne survivrez pas à une période de "malchance" (bad run). Attention tout de même, il peut arriver occasionnellement qu'une mise de plus de 3% de bankroll soit une bonne décision, si la cote proposée est faible et que le pari est un value bet par exemple.

2. Pas de suivi sérieux de bankroll

Un bon parieur voudra forcément suivre ses résultats pour être sûr d'être gagnant sur le long terme, et surtout pour pouvoir s'améliorer en réalisant des analyses de ses résultats passés, comme nous l'avons vu dans la partie *VII.Gérer son argent*.

3. Triche sur son suivi de bankroll

Il arrive souvent que certains tipsters "oublient" de comptabiliser des paris perdants (à noter que c'est rarement le cas pour les paris gagnants). De plus, il faut faire attention aux outils de suivi de bankroll qui ne sont pas tous certifiés et infalsifiables. Vous pouvez retrouver des exemples de site dans la section *X.Les outils du parieur.*

4. Fait des combinés avec beaucoup trop de matchs

Le combiné est un type de pari difficile à utiliser tout en étant un parieur gagnant. En règle générale, un pari combiné avec plus de deux ou trois matchs est une erreur. Comme on l'a déjà vu dans la partie *III.Les types de paris*, il n'y a aucune raison mathématique de placer un combiné.

5. Insulte les joueurs quand son pari ne passe pas

Insulter un joueur parce qu'il a raté une action au foot ou qu'il a perdu contre un joueur moins fort que lui au tennis est un signe de dépendance aux paris sportifs, et non le signe d'un bon tipster.

6. Bloque des abonnés pour un mauvais commentaire

Un bon tipster qui est sûr de ses compétences ne vas pas bloquer un de ses abonnés parce qu'il a donné un avis constructif différent du sien. Bien sûr, je ne parle pas d'un abonné qui insulte le tipster parce qu'il "lui a fait perdre" un pari. Même en suivant un très bon tipster, attendez-vous à devoir faire face à des périodes de pertes consécutives.

Astuce : Observez un tipster sans suivre ses paris sur une période de temps représentative avant d'engager votre argent.

X. LES OUTILS DU PARIEUR

Les parieurs disposent de plusieurs outils et ressources qui peuvent les aider à prendre des décisions éclairées lorsqu'ils engagent des paris sportifs. Voici quelques-uns des outils les plus couramment utilisés par les parieurs :

Le Bureau des Tipsters : https://www.bureau-des-tipsters.com/

Le Bureau des Tipsters est une communauté française de parieurs passionnés. C'est l'occasion d'en apprendre plus sur l'univers des paris sportifs, que ce soit sur leur blog ou leur serveur Discord.

Bet2invest : https://bet2invest.com/feed

Bet2invest est une plateforme de suivi de tipster avec un bilan certifié. En effet, les tipsters placent leurs paris en avance, et ce sont les cotes Pinnacle au moment de leur mise qui sont prises en compte. Il n'est donc pas possible pour un tipster de tricher sur ses résultats.

Mydatafoot : https://datafoot.fr/access/fr/

Datafoot est un site payant qui fournit des statistiques détaillées sur les équipes et les joueurs, et qui vous permet, entre autres, de suivre des algorithmes de prédictions.

Coteur : https://www.coteur.com/

Coteur est un site qui vous permet de comparer les cotes de différents bookmakers, et aussi d'utiliser une calculatrice de cotes pour répartir vos mises en cas de surebet.

Betcalcul : https://betcalcul.com/calculator/double-chance-bet/

Betcalcul est un site qui vous permet de répartir vos mises sur des paris "double chance" ou "remboursé si nul", comme vu dans la partie *II.Cotes et probabilités.*

FantasyFootballReport : https://www.fantasyfootballreports.com/

FantasyFootballReport est un site qui vous permet de calculer la "vraie" cote d'un pari sans tenir compte du TRJ. Comme nous l'avons vu dans la partie *IX.Les stratégies gagnantes*, c'est un outil essentiel pour évaluer la valeur des cotes boostées.

Football_xg : https://footballxg.com/

Football xG est un outil qui utilise des données statistiques pour prédire les "expected goals" des rencontres à venir.

WePari : https://wepari.fr/

WePari est un site de suivi des cotes boostées sur Winamax et ParionsSport. Vous pourrez donc vérifier que la stratégie décrite dans la partie *IX.Les stratégies gagnantes* est bien efficace.

Flashscore : https://www.flashscore.com/football/

Flashscore est le meilleur outil pour suivre les scores en temps réel et obtenir des informations sur les équipes et les classements.

Tipstop : https://play.google.com/store/apps/details?id=com.tipstop.co

Tipstop est une application pour suivre les scores en temps réel, comme Flashscore, mais qui propose en plus gratuitement des prédictions de paris sportifs.

BetAnalytix : https://www.bet-analytix.com/

BetAnalytix est une application de suivi de bankroll. Utile pour suivre vos résultats et contrôler votre bankroll et vos mises.

Oddsportal : https://www.oddsportal.com/

Oddsportal est un site qui vous permet de comparer les cotes des plus gros bookmakers mondiaux. Vous pouvez aussi retrouver un suivi de tipster, mais qui est moins fiable que celui de Bet2invest.

Sofascore : https://www.sofascore.com/

Sofascore est une application mobile pour suivre les scores et obtenir des informations détaillées sur les statistiques des joueurs en temps réel.

Trademate Sports : http://tradematesports.com/?ref=BNwXabuB93OVxq8iM2GarDNeXTx2

Trademate Sports est un outil de détection d'erreurs de cote, dont on a parlé dans la partie *IX.Les stratégies gagnantes.*

Il est essentiel pour les parieurs de trouver les outils qui correspondent le mieux à leurs besoins et à leurs préférences. Il est également important de se rappeler que ces outils ne garantissent pas de devenir un parieur gagnant, mais ils peuvent fournir des informations utiles pour prendre les meilleures décisions.

EPILOGUE

Pour conclure, ce livre vous a ouvert les portes du monde fascinant des paris sportifs en 2023. Nous avons parcouru ensemble les principes fondamentaux, les différentes stratégies et les outils essentiels pour devenir un parieur gagnant.

Vous êtes désormais incollables sur les cotes, prêts à dénicher des value bets et vous savez éviter les arnaques. Vous comprenez désormais l'importance de la gestion de bankroll pour préserver votre capital et optimiser vos gains sur le long terme. Vous avez également compris que l'aspect psychologique est tout aussi important que le reste, et vous savez qu'il est important de garder le contrôle de vos émotions.

Les paris sportifs ne sont pas une formule magique pour s'enrichir rapidement, mais plutôt une discipline exigeante qui demande un travail constant. La persévérance, l'apprentissage continu et l'application rigoureuse des principes exposés et développés dans ce livre sont les clés du succès.

Enfin, n'oubliez pas que le plaisir doit toujours être au cœur de votre démarche de parieur. Appréciez chaque victoire et apprenez de chaque défaite pour devenir un parieur de plus en plus expérimenté. Les nombreux conseils délivrés dans ce livre n'offrent, bien entendu, aucune garantie d'être systématiquement gagnant mais si vous les appliquez, votre jeu n'en sera que plus maîtrisé et raisonné.

DISCLAIMER

Pour rappel, les jeux d'argent sont interdits aux mineurs, il existe également un risque sérieux de dépendance, et il ne faut pas hésiter à se faire aider, accompagner ou arrêter tous les jeux d'argent en cas de problème. Enfin, n'oubliez pas que les résultats passés ne présagent pas des résultats futurs.

J'espère que ce livre vous aura plus, si vous souhaitez continuer votre apprentissage vous pouvez me suivre sur les réseaux sociaux, en me retrouvant sur X (ex-Twitter) : https://twitter.com/Data_Pronos.

Printed in Great Britain
by Amazon